日本最強散戶贏家的
神速投資術

上岡正明　著　　張婷婷　譯

目錄

第1章　股票沒有魔法

第2章　起跑線的衝刺，決定之後的命運

目錄

第**7**章 神速投資術的無限可能——精通屬於自己的投資術

| 推薦序
練功三個月，
就能讓散戶晉升贏家的操盤術

齊克用（金探操盤手培訓講師）

　　就像弱肉強食的生物鏈一樣，股票市場中，法人是在生物鏈的頂端，散戶則是在生物鏈的下層，這種類似宿命論的道理，是源自於長期以來的結果論。那麼，又是什麼造成這樣的結果呢？

　　從資源來看，法人擁有雄厚資金作為後盾，更有先進的科技與軟體、領先且紮實的資訊源、完整的操盤教育訓練，又有賺錢經驗與實務的先進，帶領後輩持續進步，結合團隊眾人之力進行交易，這些都是散戶沒有的條件。法人在先天上就占盡了優勢，難怪散戶會變成法人的菜。

　　在先天不足，後天又失調之下的散戶，要如何才能翻身，成為贏家呢？本書的作者點出了重點：必須顛覆業餘思維，才能成為贏家。

　　作者說，自己身兼股票投資人與公司經營者的身分，見過許多成功的企業家，得出一個結論：一流的成功者，思考方式也是一流的，股票投資也是一樣。要靠股票賺錢的人，就必須懂得在「重要時刻」掌握「必要關鍵」，努力的方向必須正確，才能成功。

　　既然散戶已經缺少了先天的優勢，那自然就得從後天下手，也就是

「知識」與「技術」。作者說，要快速成為散戶贏家有兩個要件：「知識」與「技術」。本書要談的核心就是：「要學會必備的事物、按照特定的順序學習，才能在股票上獲勝。」

　　本書的第一章就點出了重點，在股票投資的領域裡是沒有魔法的。成為贏家的獲勝關鍵在於，成長速度要比對手還快。現實社會裡，只要有實力就能勝利；成長速度比別人快，才能成功。股票也是以同樣的方式運行。

　　他以過來人的身分，將自己如何逆轉勝的經驗，以實戰方式講解，讓散戶了解如何持續從股市中賺到錢。這本書的核心重點，在於教散戶調整投資心理、思考邏輯與投資策略。書中只有少量的技術分析，並不是以分析市場未來走勢為重點。旨在強調投資若是大方向搞錯了，預測再精準也無法賺到錢。

　　若仔細研究法人靠什麼賺到錢，很快就能發現，並不是靠精準預測未來，而是靠資金管理、風險管理與情緒管理，靠的是投資的策略以及戰略。本書在第五章就以八種戰略的投資術，帶領散戶走向投資贏家。

　　這是一本讓散戶變成專業投資贏家的操盤書籍，從改變投資的思維邏輯開始著手，以輕鬆、簡單與實用為主軸，讓讀者輕輕鬆鬆就上手，學會贏家策略來操盤賺錢。導正散戶操盤的投資心理，正確學習買賣股票獲利的技巧。好書值得推薦！

| 前言
顛覆業餘思維，才能成為贏家

如果早知道，也許就賺得到錢，也許就不必賠錢了……世上充滿太多這樣的懊悔。例如投資的股票並沒有得到預期的結果，又或者是雖然有成果，但是每當行情不穩，過去一點一滴攢下來的獲利又血本無歸。

若是如此，當然就必須改變以往的行為模式。

事情不如預期順利，並不全都是股市的錯，而是自己「實力」不足。

這種時候就必須察覺，自己長年累積而成的行為很明顯是錯誤的。唯有採取跟目前不一樣的做法，才能夠解決現在的問題。

不解決問題，就不可能改變未來的前途。

■本書最想告訴你的事

一開頭就說了重話，初讀本書的讀者可能會有一些驚訝，說不定還會生氣地把書闔上不讀。

不過，我認為本書的讀者，應該都是認真想學習股票投資。因此，我不會太客氣。

說到底，各位本來就是使用最為重要的資金進行投資。在這樣的行為中，完全不需要「溫柔」。換作是我，一定會抱持這樣的學習態度：「無謂的溫柔就免了，請告訴我真正能獲勝的股票投資技術。」

而且我還會說：「請儘管指出我的不足之處，明確告訴我該怎麼做比較好。」

並非只有我如此。相較於失去重要資金的恐懼，任何人都應該認真地優先學習正確做法。

尤其是想要靠股票投資建立上億資產的人，以及正處於投資不利、遭遇虧損的人，更該有此認知。

現在發生的問題，都是目前為止持續的「想法」所造成的結果，對於市場的「看法」可能有誤。此外，在買賣等方面的「做法」可能也還不成熟。

反過來說，**如果能確實掌握本書介紹的「想法」「看法」「做法」，其實股票投資為每一個人提供了最平等的機會。**

無關乎性別年齡，股票是一場任何人都能參加，但只有實力堅強的玩家才得以倖存的淘汰制競賽。

■掌握真正能賺錢的投資武器

想要透過股票打造更美好的未來，讓前方的迷茫不安都化作光明坦途，唯有做出更接近成功的「選擇」。

是的，「簡單思考」很重要。

　　我身兼股票投資人與公司經營者，有幸見過許多日本代表性的企業家。這當中我發現了一件事：一流的成功者，思考方式也是一流的。

　　股票投資也一樣。剛開始可能輕鬆地連戰連勝，特別是景氣往上攀升、行情過熱的時候。但千萬別忘了，能夠在熱潮過後持續成功、靠股票建立龐大財產的人，都懂得在「重要時刻」掌握「必要關鍵」。

　　想要更進一步地持續成功，需要「方向正確」的努力。

　　這並不表示一味模仿成功者說的話、使用的工具，就能確保成功。就算拚命記住困難的專有名詞與投資技術，也不保證勝出。

　　那麼，到底該怎麼做才好？為了取得更好的成果，首先要改變你的「想法」「看法」「做法」。

　　運動賽事也好，撲克牌也罷，不知道致勝的方法，就不可能獲勝。同樣的，你需要的不是初學者的運氣，而是任何情況下都能持續獲勝的方法。

　　為此，你必須學會對市場持有正確「想法」，擬定優秀戰略的「看法」，並且磨練技術，也就是股票投資的「做法」。

　　本書將這些必要的知識集結整理，提煉為一冊。

■快速成為散戶贏家的兩個步驟

　　有些「知識」與「技術」，只有專業操盤手和投資高手才知道。但是，如果你無視這一點，一味詢問：「要學習幾個小時才會成功？」這種思維方式無法直接導向成功。

能夠在股市快速成功的人，會這麼問：「要學會什麼東西、按照什麼順序學習，才能在股票上獲勝？」

本書的核心概念即是如此。

很可惜，99％的投資人都沒有這樣的想法。又或者說，在他們理解這樣的想法之前，手上的資金就已經正在銳減了。

結果會怎麼樣呢？

兩者的勝率差距非但不會縮小，還只會越拉越大。因此，大多數的散戶投資者都不會贏。這並不是我胡謅，而是股票投資的現實。

再怎麼熱血沸騰，一旦看錯地圖，就不可能抵達目的地。

那麼，應該在哪個時間點掌握地圖呢？

換作是你，如果有張通往成功的地圖，你希望在什麼時候拿到手呢？

是的，就是現在。如果真心希望在股票投資上成功，此刻就是最佳時機。

■投資要及早開始準備

「你會等到獲勝時機來臨時，才開始準備投資嗎？」

我在研討會上，經常對投資人提出以上問題，沒有人會答錯。每個人都知道，這樣做就太遲了。

每一位有望成為公司領導者的人才，都早在真正成功前，就已經博覽群書，積極參加各種講座，持續不斷努力。在成為領導者之前，他們就懂得模仿身邊能幹的上司，以上司的行為或思考方式為範本，對後輩

下達指示，積極地實踐。

這樣的人在失敗後也不會無視現況，而是找出原因，馬上修正。

從行動中習得教訓，這一點在投資股票與商場生意中也非常重要。

尤其是將來有望成功的投資人，都非常重視「失敗」。

投資必然伴隨風險。再怎麼優秀的投資人，特別是被稱為專業人士的職業操盤手，也無法做到零風險。有時成功，也有時失敗。

本書將會詳細地告訴你：不論是專業或業餘人士，其實剛開始下的第一張單子，勝率並不會相差太多。更重要的是下單之後採取的行動，以及如何運用失敗的教訓。

能夠成大器的運動選手，幾乎都懂得化失敗為**轉機**，使自己加倍成長。

失敗正是變聰明的機會。這樣的思考方式，在投資上非常重要。

失敗了不怪罪他人，也不把責任推給大環境的經濟或政治，而是找出自己沒有做好的地方，記取教訓。這樣一來，知識與經驗就會越來越豐富，也就能夠更快速地做出正確判斷。

■成為散戶贏家的條件，意外簡單

說來有些大膽，不過我認為「為了理解經濟而投資股票」也是錯誤的觀念。以專業投資人的眼光來看，抱持這種天真想法的人，無疑是最好的獵物。

說真的，想學經濟的話，研讀經濟學書籍，或是考取理財規畫師的

證照，效果應該會好上許多。

在一切搶快的投資世界裡，追求勝利的同時，還要兼顧學習經濟，簡直是不可能的任務。

我的態度有些嚴厲，但請各位千萬不要逃避投資的最終目的：「**在股市中賺錢。**」

只要無法達成這個理所當然的目的，那些閱讀財經雜誌所耗費的時間與金錢，全都是白費。現在就一次把投資股票的最初目的弄清楚。否則，你也會成為眾多失敗組的其中一人。

我在本書開頭說過，我身兼投資人與企業經營者。股票投資也好，經營公司也罷，思考該如何成就一件事情的時候，一定會先考慮「為什麼要這麼做」。很有趣的是，如此一來，便能逐步釐清「要做到何時為止」「要做哪些事情」「必須做到什麼程度」。也會開始留意那些已經達成同樣目標的人，都具備哪些行為特質。

產生具體的形象之後，就能大致確認所需的時間。接下來不斷行動，持續累積，朝著成功邁進，自然就會有結果。

假如最初目的是「為了學習經濟而投資股票」，你的腦海中會浮現什麼樣的投資者形象呢？

請稍微想像一下吧。究竟在你心目中的「成功」形象，與「想學習經濟知識的投資者」模樣，是否相互吻合呢？你能否毫不心虛、毫無遲疑地斷言「這就是我成功之後的模樣」？

如果做不到，今後就別再把這種話掛在嘴邊了。

寫出這種不切實際內容的書，也請你塞進書架最深處。

本書將教你三項重要的關鍵，其中第一項「想法」，是投資致勝的路上最為重要的事。

■獲勝關鍵，是成長速度比對手還快

執筆寫下本書的時候，我做了一個重大決定。如同開頭所述，一開始我就決心不理會以下事項：

「要對讀者溫柔。」

「要激發讀者的動機。」

「讓讀者認為投資股票很簡單。」

動機這種事，在股市中完全派不上用場。

如果滿口盡是「投資股票很簡單」，實際上自己卻毫無勝算，最終只會失去重要的資金。就算失去大筆資金，傷腦筋的也不是我，而是你。

不只是你，你身邊最重要的家人也會深受其害。千萬要避免這樣的事情發生。

正因如此，我才認為本書不需要多餘的「寬容」。

當然，應該也有讀者無法認同這樣的想法，不過我相信本書讀者大多是社會人士。

身為社會人士，你是否曾經有過這種感覺？聽到有人提議「取消小學運動會的競賽制度，讓孩子輕鬆成長」時，總是感到莫名不安。

現實社會是很嚴峻的。在現實社會裡，**有實力才能勝利；成長速度比別人快，才能成功。**股票也是以同樣的原理運行。

如果大家都在同一個起跑點，那麼成長得比別人快，才能勝出。

▓大賺 1 億的上班族

聽起來或許很矛盾，但是如果問我：「投資股票是不是很難？」其實我並不這麼覺得。

我認為股票是最公平的入場券，從上班族到家庭主婦，各式各樣的人都能藉此建構財富。

實際上，日本財經雜誌《日經 Veritas》在 2017 年曾以「億圓富翁的真實面貌」為題，調查了日本一千位散戶投資家。結果，獲利 1 億日圓的投資者中，有三成是普通的上班族。也就是說，他們身兼上班族與成功投資家的身分。

更驚人的是，家庭年收入在 1000 萬日圓以下者，占了四成。

此外，約八成的人靠著持有股票，在日本「失落的 20 年」（註：指日本自從 1989 年泡沫經濟以來，平均年 GDP 成長率不足 1% 的 20 年）內，扎實地累積著資產。

一般的讀者看了這篇報導後，或許會想：「跟我年收入差不多的上班族，都能用股票賺到 1 億日圓。既然如此，我一定也有機會！」

當然，這是非常正確的想法。

不過另一方面，我也忍不住思考：「在最初階段沒能賺到錢，便因此卻步的投資人，以及遭遇相同狀況，卻仍能賺進 1 億日圓的投資人，區別兩者的『那道牆』，究竟是什麼？」

找出這道「牆」，並且果斷移除，就能真正擴大本書讀者的成功機會。

我摸索良久後找出的答案，就是以接下來要介紹的「想法」「看法」「做法」為基礎的獨門**「神速投資術」**。

這套技術力求在短時間內迅速精熟，所謂「短時間」的標準，就是90天。之所以訂定這樣的標準，我會從下一章開始詳細說明。

當然，這不是一件輕而易舉的事。

因此，我抱持著全力以赴的心態，認真寫出本書。我不惜披露自己所有的知識，全都是我真正靠股票達成上億資產的實踐方法。

相對的，我也決定不要過度顧慮讀者的心情。

本書將以「直球對決」的方式，犀利且一針見血地闡述投資最重要的事項。我認為，「寬容」與「溫柔」都無法使人成功，這些多餘的體貼在本書中都是毫無必要的，至少，對尚未獲勝的投資人而言毫無必要。

■只花三天就學得會的事，任何人都能三天學會

我在經營公司的同時也持續出版著作，偶爾也有人邀請我向有志於經營公司或創業的年輕人演講。還有人看了我的部落格，特地跑來辦公室，希望我能提供一點建議。這種時候，無論對方是上班族、主婦或學生，我的意見一向十分嚴厲。

「你沒有調查一下競爭對手嗎？為什麼你這麼弱還不去查？」

「憑什麼覺得有人會付錢給你？請說明一下別人關注你這個無名小卒

的理由。」

「你沒有讀過如何招攬客人的書嗎？行銷工作都交給別人處理嗎？只要讀三本書就可以學會的事，為什麼你不做？」

「忙碌只是藉口，創業後只會更忙碌！你只有現在才有空。」

正因為真心為對方著想，態度才會如此認真。我可不是那種喜歡被討厭的怪人。

正因為認真，所以嚴厲。如果我不在乎，隨便說句：「這個點子太棒了，那就請你多加油。」然後握個手就結束了。

只要三天就可以學會的東西，表示任何人都能在三天內學會。

對於不懂作戰方法的投資人而言，灌注再多勇氣，也絕對無法在市場上取勝。如果你看了接下來第 1 章的標題後，情緒瞬間低落不振，說真的，或許你不適合看這本書。

如同童話故事《綠野仙蹤》所訴說的道理，世界上從來就不存在可以輕輕鬆鬆抵達的魔法國度。

唯有勇往直前的人，才能得到本書所介紹的三大原則──「想法」「看法」「做法」。學成之後，就可以把這三個方法當成武器，迎戰股市。

你一定辦得到。

因為 15 年前，我跟現在的你一樣，站在完全相同的起跑線上。

第 *1* 章

股票沒有魔法

投資者的成長速度

股票沒有魔法，也不具備電腦的「快速鍵」那種偷吃步技巧。不過，世上確實存在著提高成長速度的具體方法，幫助你在股市中勝出。

並不是跳過學習過程，而是**有效率地學習真正重要的部分**。

具體來說，即為以下兩個步驟：

（1）應該學習什麼？

（2）以什麼順序學習？

不知道是不是因為少有投資人會特地攻讀 MBA 學位，自從我出書之後，很多人找我擔任股票投資講座的講師。這種時候，我一定會被問到一個問題：「請告訴我們有效率且輕鬆的致勝方法。」

這種問法，簡直跟「請告訴我輕鬆賺大錢的方法」沒兩樣。

我已經說過很多次了，股票沒有魔法。

即便如此，很多投資者還是會問類似的問題，我想是因為他們並沒有真正了解，股票投資的成功路上必須經歷哪些過程。

若確實了解必經的道路及終點的距離，知道該用什麼方法走過坡道與轉角的話，就沒有必要詢問「有沒有輕鬆的方法」了。掌握投資的真相，就不會被小聰明的技巧吸引，也不會為網路上寫的明牌而雀躍不已。

投資股票時，一開始的起跑衝刺階段最為重要。因為起跑階段，是大多數投資者浪費最多時間跟金錢的時候。

我認為理由有以下兩項：

（1）沒有設定好目標
（2）不懂達成目標的方法

圖 1　股票贏家的思維模式

（1）應該學習什麼？
（2）以什麼順序學習？

贏家都這樣思考行動。

你是哪種類型的投資者？

大多數投資者在剛開始投資股票的時候，恐怕都不會設定目標。

「只是想賺點錢」——這理由聽起來簡直跟小學生賺零用錢沒兩樣。

不同的投資者，當然會有不同的目標。有人想賺 1 億日圓，也有人覺得賺 1000 萬日圓就好。即便如此，都必須確實決定好目標。

確定目標後，了解現在與目標的距離和路徑，就能逐步往目標靠近。

相反的，如果不決定目標，就不知道該了解什麼，甚至無法掌握現在的自己有哪些不足。

投資股票時，很多人會用投資資歷來評估投資者的程度。但是這並不能掌握投資者真正的程度。就算投資 10 年，不會贏的人還是不會贏。

因此，我根據投資者的程度，分為以下四大類型：

（1）退場的投資者

第一種就是早早退場的投資者。

對市場的想法太天真，在網路上看到有人報明牌就馬上跟著買。失敗了也不知道為什麼輸，一味怪罪於他人或新聞雜誌。

具有這種傾向的人，要不是退場的投資者，就是快要退場的「退場預備軍」，或是剛開始從事投資、經驗尚淺的投資者。詳細理由會在下

一章說明。

請記住，知識及經驗尚淺的投資者所處的狀況，遠比那些擁有較豐富知識及經驗的資深投資者，還要更為不利。

如果你發現自己正處於這個階段，最好趕快提升成長的速度。

（2）倖存的投資者

第二種是倖存的投資者。程度不好也不壞，勉強在市場存活下來。

在交易的過程中，倖存的投資者會慢慢懂得區分「在市場上要相信哪些事情，才能生存下去」。他們會透過經驗，分辨出可食的果實與有毒的果實。

不過，他們的資金增減仍然不穩定。兢兢業業地小額獲利，卻很容易因為一次暴跌而一口氣痛失資產。

（3）小贏的投資者

第三種是小贏的投資者。充分理解本書所說的「想法」「看法」「做法」，便符合這個類別。

來到這個階段，就會開始萌生身為「投資者」的獨立心態，逐漸理解「到頭來，只有自己的經驗最可靠」這件事。

這類型的投資者，通常每年的獲利都能穩健成長。數年一次的暴跌，也都在事前的預料之內。行情的高低波動，反而還會形成助力。此外，

23

他們也懂得運用做空來抑制風險。

（4）持續獲勝的投資者

最後是第四種，持續獲勝的投資者。他們已經確立屬於自己的交易手法，也就是所謂的獨立投資者。

扎實奠定了「想法」「看法」「做法」的基本功，更進一步靠獨創的投資手法磨練技術。他們對自己的手法擁有強大的自信，不會在意他人的評價。

此外，他們還會運用空頭避險、放空等高超技巧，利用行情的漲跌起伏進行買賣。

以下就以**圖 2** 呈現這四種類型。

成為「倖存的投資者」其實並不是那麼困難。但是能夠「小贏」的投資者，就不是那麼多了。要更進一步成為「持續獲勝的投資者」，比例就會一口氣下降許多。

圖2 投資者的四種類型

1 退場的投資者

對市場的想法太天真。在網路上看到有人報明牌，就馬上跟風買賣。不知道自己為什麼輸，只會把失敗歸咎於他人或新聞報紙。具有這種傾向的人，要不是已經退場，就是準備退場。

2 倖存的投資者

程度不好不壞，正處於勉強存活下來的狀態。資金增減仍然不穩定。兢兢業業地小額獲利，很可能因為一次暴跌就瞬間失去資產。

3 小贏的投資者

已經充分理解正確的「想法」「看法」「做法」。漸漸產生獨立心態，開始懂得「只能仰賴自己的經驗」。每年獲利都在穩健成長。

4 持續獲勝的投資者

已確立獨門交易手法的獨立投資者。擁有扎實的「想法」「看法」「做法」基礎，進一步以自己的投資手法磨練技術。對自己的方法很有信心，不在意他人的批評。

3 最危險的時候，
就是起飛的時候

　　請特別留意，大多數投資者在剛開始投資的起點，通常會損失大筆資金。理由很簡單，失敗通常都會密集發生於剛開始投資的階段。

　　事實上，據說飛機也是在起飛的時候最危險。數據顯示，全世界的飛安事故有八成是在起飛時發生。令機長提心吊膽的「惡魔 3 分鐘」（註：根據重大空難事件統計，飛機起飛後的 3 分鐘與降落前 8 分鐘，最容易發生意外），也是在這個階段。

　　起飛時，引擎與機體都還沒完全穩定下來。就算只是一點小差錯，例如與小鳥之類的小動物碰撞，也很可能釀成嚴重慘劇，所以機長與維修人員在起飛前都會仔細檢查。相信各位搭乘飛機的時候，都會看到維修人員在出發前頻繁地檢查設備。如果不這麼做，就無法確保乘客安危。

　　股票投資也是同樣的道理。剛起步時是最危險的時候，跟飛機一樣，只要出一點差錯，交易狀態就會跟著搖擺不定。再加上技術還不穩定，無法正確操作，就算想尋求其他方法，也因為經驗不足而無法因應。

　　股票投資與投資者的起步階段，是最危險的時候。

■專業投資者一開始也是飽嘗失敗

閱讀一直都是我的興趣。

我的包包裡總是放一本商業書籍。遇到需要等待的時候，就算只有 5 分鐘，我也會打開書來看。

即便扣掉星期六日不算，1 個月我會看約二十本書。從我擔任公司經營者開始算起，閱讀習慣已經持續了 15 年。粗略估計一下，我應該已經讀了三千本以上的書。當然，其中不乏股票投資相關書籍。

有一天，我突然發現一件事。縱然是技術與內容完全不同的投資專家著作，普遍都存在著一個共通主題：作者的失敗經驗。這些失敗幾乎都集中在起步的時候。其中也有作者不只失敗一次，甚至兩度在剛開始的起點痛失所有資產。

相反的，當他們能夠在起步階段順利起飛的時候，就會像噴射機的引擎一般猛烈運轉，後續的投資也就逐漸順利起來了。

這樣的現象，有個相當合理的解釋：股市是專業與業餘混合在一起的世界。

股市不像棒球，具有「一軍、二軍」的清楚分界。

如果用棒球比喻很難想像，就換成將棋之類的遊戲來思考吧。股票投資形同要你跟專業人士對弈，還突然把你推向冠軍賽。就像其他運動比賽一樣，不可能期待對方讓你一兩步。沒有經驗也沒有技術，最多只參與過業餘賽的外行人，要在冠軍賽中與職業選手對戰，你想下場會如何呢？

　　如果是動畫或戲劇的主角，也許會贏得漂亮的勝利。如果擁有絕佳運氣，幾場比賽下來也許會僥倖獲勝。

　　但是，就算碰巧發生一次奇蹟，時間一拉長，一定會出現實力差距。理由很簡單，因為你沒有投資成功的必備條件──「**重現能力**」。

　　才剛起步的投資者，幾乎都不具備重現的能力。

就算是專業操盤者，也經歷過數不清的失敗。但累積夠多經驗，就能奠定實力。

勝利投資者，擁有更多選擇

股票勝負的 99％，端看起跑階段。

相反的，最初的起步衝刺只要不出錯，後續的交易就更可能朝有利的方向發展。

然而，一旦在起點跌倒，要不是就此一蹶不振，要不就是開始慢慢地累積資產，進而拉開實力的差距。

我再重複一次，如何巧妙地挺過投資的起點，是非常重要的關鍵。

為此，股票也必須經過一段時間的專注學習，才能進場交易。想在股市中成功，就不能不學。

不過，所謂的「學」，並不是指「《日經新聞》的閱讀方式」或「《四季報》怎麼看」這種收集資訊的方法。

想成為股票的成功者，你所學習的事物，都必須能夠更加拓展你的戰略選擇。

■學習股票的勝利方法

稍微打個岔，大家有沒有想過，為什麼讀國高中時要學數學跟英文？

既不是為了爭取更優異的 PR 值（註：全國考生的百分等級），也不是為了考到好分數讓老師讚美。最根本的原因，是為了增加人生的選擇。

「將來想當國文老師。」

「想靠流利的英文，在大企業工作。」

「想成為貢獻人群的護理師。」

「想當一位政治家，幫助人民。」

任何人都有屬於自己的人生夢想。我們不斷地學習，就是為了獲得選擇的自由。

同樣的，既然要學習股票的獲勝方法，如果這些努力無法拓寬你的決策或行動，就沒有意義。

**你學到的東西，
能否擴展你的行動範圍？**

　　當然，《日經新聞》和《四季報》都是投資時的重要工具。但是，光是關注這些東西，並不會拓展你的行動範圍，反而可能讓你淪為無法獲勝的投資人。

　　舉例來說，我有經營部落格的習慣。我曾寫過：「光是閱讀《日經新聞》或《四季報》，也不會讓你在股票上獲勝。」結果引來很大的反彈。有人說：

　　「你的言論根本違反理論。」

　　「你講得太武斷了，不適用於現況。」

　　但是，我的意思並不是《日經新聞》與《四季報》毫無意義。我想說的是，這些工具究竟能夠幫你擴展多少行動？也就是「如何增加股票投資上的選擇」。

■ **當發展超乎預期，最重要的是「如何因應」**

　　實際上，在我發布那篇文章後，股市的暴跌行情便來臨了。

　　這時候，《日經新聞》所提供的知識，究竟能為投資者帶來多少選

擇？一直提倡閱讀《四季報》就能在股市致勝的投資專家，面對快速且激烈的暴跌時，又是採取什麼樣的對策呢？

當預料之外的發展來臨，究竟該如何因應？想在股票上獲勝，這是最重要的關鍵。在已經準備好的各種判斷基準之中，你必須選出你認為最好的選項，當機立斷。

當然，相較於手上只有一個選項的投資者，能夠從多數選項中加以比較，再搭配組合來因應的投資者，明顯會比較有利。這時，號稱「投資聖經」的《四季報》便十分重要。

然而，只靠《四季報》進行判斷，應該很難成為「小贏的投資者」。畢竟不可能每天單純重複同樣的做法。

不擴展行動範圍，就無法走向真正的成功之道。

用公式算出投資成果

如同〈前言〉所提到的，你和《日經 Veritas》中介紹的 1 億日圓上班族投資者之間的差距，恐怕就在於「選擇的多寡」。

如果每天只是在單純地「投資」，就只會是二流投資者。

真正的高手，會一邊投資一邊學習。這樣才能夠一點一滴地成長。

日積月累下來，你們之間的差距當然也越來越大。

最後，這樣的差距會具象為整整「1 億日圓」。

■質 × 量 × 成長速度

學習股票投資時，除了「量」之外，「質」也很重要。此外，無法勝過對手，就無法順利在股市中存活下來，所以「成長的速度」同樣也很重要。

把這些條件代入我所發明的公式中，即可得出以下結果：

股票投資的成果 =
學習的質（內容）× 學習的量（時間）× 成長速度

如何呢？

　　就算花費大把時間學習，如果缺乏良好的內容，也無法帶來豐碩的成果。特別是在剛開始投資的階段，這項公式所導出的結果更是至關重要。

　　至於何謂學習的「質」與「量」，後面將會具體說明。

無法從每一次交易中記取教訓，就很難升級為高手。

90 天內成為投資贏家

我已經說過，股票投資的起點很重要。

我也不斷強調，為此各位必須努力「學習」。

不過，或許有讀者會這麼想：「都什麼時候了，又不是準備考試的學生，學什麼學呢？」

如果是熱愛學習的人也就罷了，但大多數人並非如此，當然，我也不例外。

因此，我在第 20 頁介紹了兩個步驟：

（1）應該學習什麼？

（2）以什麼順序學習？

本書首先嚴選了必須學習的項目，接著再安排優先順序。目標是用最快速度，成為「小贏的投資者」。

如果想學的東西太多，勢必得花費很多時間。特別是初學階段，大多數人都不知道該學些什麼才好。

可是，如此一來，你或許會在學習途中因投資失敗而損失資產。因此，本書以「90 天內成為能夠獨立的小贏投資者」為目標。為什麼設定 90 天？因為行為心理學指出，90 天是人們改變行為習慣的最合適週期。

以下將傳授各位重要的「想法」，以及迎戰市場的必勝「戰略」。

不過，這並不表示我只會聚焦於投資的一小部分，或是大幅刪除某個環節。這樣做並沒有意義。

我認為，要在確實掌握所有必要內容的基礎下，才能得到最大的效果。當然，這並不意味著 90 天就能夠成為億萬富翁。

但是，**透過本書得到「想法」「看法」「做法」這三種方法，你的武器與行動的選擇性，將會比現在更顯著地升級。**

真正優良的武器，並非只能用來攻擊，而是兼具保護重要資產的防守作用。

因此，不妨先決定一個期限，專心鞏固好成為股票高手的基礎。

■八成的失敗，集中在起步階段

之所以堅持在短期內集中學習投資，還有很多理由。最主要的理由便如同第 26 頁所說，大多數投資人都在剛起步時階段失去許多資金，因為投資的失敗有八成集中在最初的階段。在這個階段，必須一鼓作氣地殺出重圍。

此外，據說適時為腦部施加一定程度的壓力，大腦能夠發揮得更好。因此，我建議設定時間限制。

根據以上理由，「專注學習獲勝的方法」有四個好處：

（1）容易維持緊張感

（2）可以實際感受成果

（3）進步帶來愉悅感，促進良性循環

（4）與對手拉開差距

最後一點「與對手拉開差距」尤其重要。

股票投資和語言學習之類的行為不一樣。永遠不要忘記，你與對手之間的實力差距，會化作資產增減成果，具體顯現出來。

世界上充滿了成長遲緩的投資者，你的急遽變化與成長，能夠幫助你充分地與數萬名投資者拉開差距。

得到小小的報酬之後，便能領悟一點手感，進而為自己的成長感到喜悅，如此一來，就會導向投資股票的良性循環。

另外，本書提出的「想法」「看法」「做法」的學習順序，也是固定不變的。

一下子要學會「放空」等講求技術的手法，或是「融資融券交易」這類容易造成心理負擔的手法，老實說也很難收獲成果。

首先，請像堆積木一樣，一點一滴地逐步學習。

為何投資股票？

成為公司的經營者之後，我經常聽到一段話：

失敗是因為中途就放棄了抵達成功之前所做的努力。
如果能持續到成功為止，每個人都能成功。

這段話令我不由得點頭稱是。不過，投資股票時，這段話並非百分之百正確。

要是資金見底了，誰都得結束遊戲。反過來說，即便是擁有絕佳天份、才華洋溢的投資人，若在才華開花結果前便燒完了資金，馬上就會失去股市的參賽資格。

為了避免這樣的事發生，千萬別被眼前的技術或分析手法束縛，要培養長遠的觀點。這將會形成投資時很重要的**「作風」**。

更重要的是，掌握正確的「想法」「看法」「做法」，便能獲得綜觀股市的「上帝視角」。

這句話的意思可不是要你成仙。在小說裡，採用第一人稱描寫的方式，稱為「主角的視角」。除此之外，也可以用「上帝視角」敘述故事。也就是彷彿由上往下看，俯瞰一切的狀態。

「自己目前身在何方，要去往何處？」「為了邁向目標，自己需要什

麼？還有哪些不足？」「接下來會發生什麼事？為了防範，需要做出什麼樣的選擇？」

　　一邊俯瞰著整體狀況，一邊執行正確的投資手法。本書最後要傳授的技術，就是以上情境中的「做法」。

　　不過，在學習技術之前，首先請務必了解正確的「想法」，接著再熟練戰略的「看法」。

　　擁有上帝視角，以正確的順序推動以上方法，即可快速成為投資贏家。我將這套流程命名為「神速投資術」。

　　我所傳授的內容，只要是專業操盤手都一定知道，並且都是他們親身實踐的武器。

　　這些內容，只有起步晚的投資者，以及剛開始學習的新手不懂。投資時，這樣的無知會直接造成損失。

　　因為在股市中，**「對方知道但自己不知道的事」**，形同**「損失」**。

　　詐騙犯會挑什麼都不懂的無知民眾下手，而理解狀況的人通常都充滿自信，所以不會上當。你的表情若看似胸有成竹，騙子就不會靠近。

　　同樣的，想在競爭激烈的股市中建立資產，請一定要記住：**「無知，會造成壓倒性的不利」**。

　　你為何投資股票？為了讓自己的人生更豐富。

　　不是為了別人，也不是我上岡正明。一切都是為了你自己。

　　因此，我接下來要說明的這三種武器，希望你務必拿到手。

第 **2** 章

起跑線的衝刺，決定之後的命運

想成為投資贏家，首先決定起跑衝刺的時間點

這是我經歷了 15 年股票投資的經驗後，有自信能掛保證的一件事：起跑階段充斥著許多陷阱。許多專業操盤手與股票高手談起投資歷程，也都會提到這一點。

股票投資畢竟是一種商業行為，經驗尚淺時的起步階段，最容易跌跌撞撞。

商場也好，股市也罷，起跑都是最重要的。

只要能避開起跑線上的失誤，之後即可迎接大幅的成長。

實際上，人的成長速度並不像你所想像的那樣固定。

目前已有研究數據顯示人在獲得新的能力後的成長過程。如同下頁圖 3 所示，剛開始會呈現「進一步退兩步」的狀態，整體變化幅度非常微小，恐怕連自己也無法察覺。

如果是學習運動或語言，此時是最容易感到挫折，也最容易失敗的時期；如果是在職場，正是一而再再而三地失敗、不斷承受上司怒吼的時期。

然而，只要累積了一定程度的努力，接下來就會開始急遽地向上加速，宛如點著火的火箭，一口氣衝破大氣層，航向太空。

若能來到這個階段，你的視野將會有所轉變。

過去無法理解的失敗原因，都將一一釐清。以前讀過的書籍內容，都將真正體會。

以職場來比喻的話，即是你終於能夠領悟上司的建議：「原來那些意見，都能在這個時候派上用場。」

就像這樣，你開始可以站在更高的地方，拓展思考的幅度了。過去零零散散、毫無章法的技術，逐漸結合為一。

圖 3　投資人的成長曲線

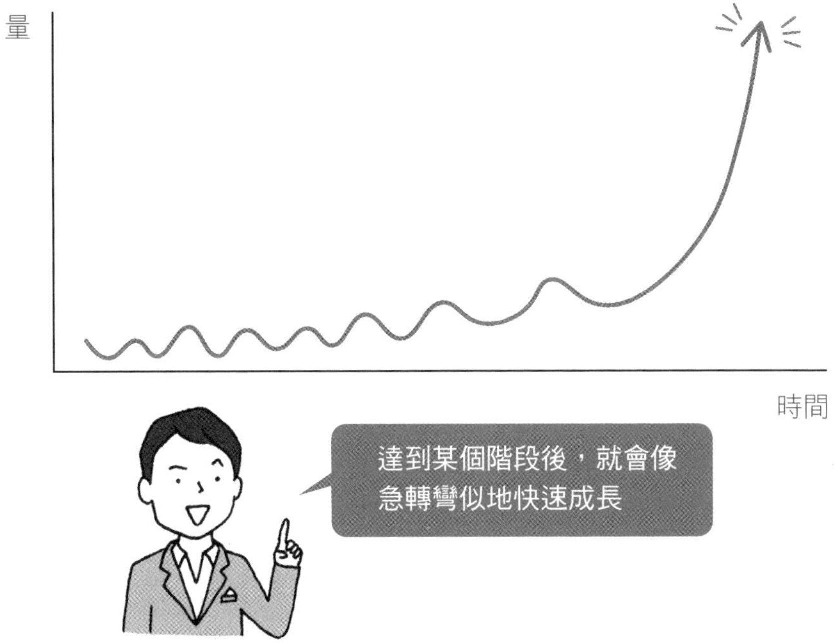

量

時間

達到某個階段後，就會像
急轉彎似地快速成長

　　更有甚者，在這個時期，從經驗中汲取的教訓也將大幅累積。利用經驗進一步磨練自我，進入精益求精的良性循環。

　　如此一來，視野瞬間拓展，就像在布滿岩石、容易觸礁的河流前方，延伸出一片令人難以置信的遼闊大海。

投資贏家的口頭禪跟你不一樣

　　一旦進入了精益求精的良性循環，表示已晉升賺錢投資者的行列，也就是「小贏的投資者」。

　　來到這個階段的投資者，都有一個特徵。那就是**語言的變化**。

　　急速成長之後的投資者，**經常會把「現在才發現，過去的失敗都是必要的」掛在嘴邊**。

　　此時才能清楚看見，目前為止的失敗與經驗都是各個單一小點，如今逐一連成了線。

　　就跟第 43 頁圖 3 的成長曲線一樣，回顧之後才發現，當時苦於遲遲無法成長的每一個點，一一相連後即可浮現一道軌跡。

　　根據上述，我們可以看出投資者一開始就該知道的事——大多數的投資者，都屬於尚未進入成長曲線的二流投資人。

　　必須強調，這和資金能力或是資歷一點關係都沒有。相反的，光是擁有比別人更長久的投資資歷，卻始終沒能成長的話，就應該要有危機意識。

　　若非如此，就可能是面對市場的態度太天真，又或者是對自己的不用功缺乏自覺。

　　我不會訂定一條明確的界線，告訴你哪裡開始算一流，哪裡開始算二流，因為沒人會比你自己更清楚。

不論哪個時代，金錢都是從弱者流到強者手上，無關性別、資歷。

二流投資人要勝過一流投資人的方法，只有一個。那就是**從今天開始，從此刻起，下定決心起跑衝刺**。

無關手頭資金或投資資歷，想要快速成長，唯有擺脫業餘心態，重新看待過去的「失敗」。

股票也是一門大生意

　　既然股票也是一門生意，為了賺錢，能否正確決定起跑的位置，便是很重要的關鍵。

　　若能決定好從哪裡開始起跑衝刺，之後就會輕鬆許多。

　　千萬別忘了，「股票也是一門生意」。股票既非賽馬之類的賭博，也絕非以「股東優待」（編按：此為日股特色，即上市公司除了一般配息或紅利之外，更贈送股東自家商品或優惠券）為目的的娛樂。既然成為了該企業的股東，就毫無疑問是一門生意。

　　若盲從周遭的緩慢步調，就不可能在這場生存遊戲中賺取獲利。

　　如果以為只要稍微瀏覽《日經新聞》或《四季報》，即可戰勝股市，那就跟自以為懂一點會計就妄想升官當主管一樣天真。要是在公司碰上這種後輩，你會如何提點呢？應該會想吐槽「主管這麼好當的話，我早就升官了」吧？

　　即便如此，為何換作股票投資，你就毫無自覺呢？

　　某種意義上，這也是股票投資的特殊環境所造成的結果。無論是股票相關的網路資訊或財經雜誌，內容都很類似：

　　「用二十檔明牌大賺一筆吧！」

　　「家庭主婦也可以用空閒時間兼職投資！」

　　「投資股票即可掌握經濟知識！」

　　眾人皆醉的風氣中，逼迫你孤獨地面對股市真相，或許有點殘酷。

　　但另一方面，未來的成功者可不會配合你的步調，耐心等待。他們會跑得比你快上好幾步。

股票是一門生意，不可用賭博心態胡亂下單。

預測股票走勢的訣竅

再怎麼優秀的投資人，第一次出手時，也有可能毫無成果。

明明做了正確的決定，卻沒有成果。這樣的情況在股市中是有可能發生的。

即便如此，這些投資人最終之所以依然能夠勝出，是因為不斷磨練技術，逐漸學會配合線圖走勢，調整買賣節奏。他們準備了許多套戰略，即使一開始失敗，最後也還是能逆轉勝。

勝利並不需要任何困難的公式，只要將幾種戰略模式加以組合即可。

他們把獲勝模式輸入大腦，並配合狀況，加以組合運用。

畢竟明天的股價變動，並非具有無限可能。大致上只會有以下三種模式：

上漲、下跌、盤整。

上漲的話就只有三種選擇——跟風買進、獲利了結，以及利用空頭避險或放空等方式，事先進行戰略布局（這些會在第 5 章詳細解說）。

下跌也一樣，只有「繼續持有、停損、加碼買進」三種因應方式。

也就是說，無論是股票專家，抑或是業餘玩家，每個人擁有的選項都是一樣的。

上漲、下跌，以及盤整。

圖4　股價的動向只有這三種

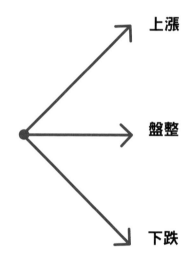

上漲

盤整

下跌

　　根據可預測的未來走向，總計下來最多只有十套劇本。在這幾套劇本中，能否做出最正確的決定？專家之所以勝過業餘人士，正是因為懂得選擇。

■事先預測好幾套劇本

　　就算是股票高手，也無法預測股市的未來走向。因此，面臨每套劇本的轉折點時，必須先預測好不同的劇情發展：

「下跌的話就這麼做。」

「上漲的話就這麼賣。」

「盤整的話就這麼做。」

話雖如此，並不是要你事先預測出幾千套劇本。這不但不可能，也沒有意義。

大致上，只要擬定接下來幾步的計畫就好了。以計畫期程來說的話，即是擬定約 1 年後的預測。

畢竟，就連高手也只有前面介紹的這幾套劇本而已。根據這些劇本，即可預想出下頁圖 5 的轉折發展。

圖5　預測股價的後續發展

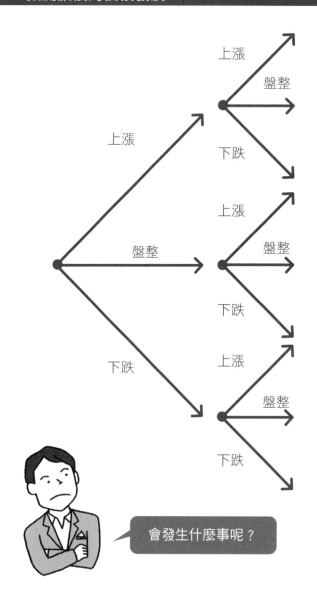

5 一味預測未來的動向，總會碰上瓶頸

當然，誰都不可能完全正確地預測未來發展。

大致而言，只要事先預測出圖 5 所示的劇本發展即可。

史上第一位達成七冠殊榮、日本將棋界第一位獲得國民榮譽賞的羽生善治大師，堪稱擁有超級電腦般的頭腦。

然而，他曾在接受電視台評論員採訪時表示，對弈時，其實他大概只會預測接下來的三步棋而已。

說是三步棋，但將棋中需要用到許多棋子，總計約有數百種走法。即便如此，連最優秀的棋士也不會運用超人般的智慧，事先看透未來一切的走向。

在 NHK 的節目特輯「專業人士工作的風格」中，他曾說過：「比起預測接下來的走法，我更注重用綜觀大局的方式，看待棋盤整體的發展。」

這個時候，羽生大師用了「大局」這個詞。

我認為這樣的想法也適用於股票，再怎麼預測眼前的變動，還是有其極限。

相較之下，不如更主動配合整體走向、配合股市的「大局」發展。

　　而且，相較於將棋的眾多走法，股票劇本的數量明顯較少。只要冷靜地掌握這些劇本，思考下一步策略就可以了。

　　如果預測嚴重失準，當然就必須停損。不過，在事態發展到停損之前，懂得事先擬定數套劇本以回避風險的投資人，以及一下跌就不斷停損、浪費資金的投資人，很明顯是前者較為有利。

　　我把股市中常用的策略分成八種戰略，以下將逐一介紹。

　　本書稱這些戰略為「**看法**」。

　　此外，我也會傳授正確的「**想法**」，讓你從「小贏的投資者」進化為「持續勝利的投資者」。

　　最後，我會介紹自己親身實踐的「**做法**」，教你如何執行以上的「想法」與戰略，實際應用於股票交易。

　　本書將按照以下順序，一一講解：

（1）想法

（2）看法

（3）做法

6 成長速度快過對手，
就一定會贏

商場生意也好，股票投資也罷，都是雙方以實力差距相互對抗，藉此決定勝負的賽局，掌握以下四個方法，即可戰勝對手：

（1）發揮競爭對手沒有的強項

（2）擁有比對方更廣闊的大局觀

（3）走跟大多數人不一樣的路

（4）成長速度快過競爭對手

怎麼樣？

老實說，乍看之下，要達成（1）與（2），似乎需要比他人更優秀的才能，至於（3）則需要創意及獨特的觀點。

其中僅有一項方法，無關乎與生俱來的能力，只要努力就一定能做到。是的，那正是（4）**成長速度快過競爭對手**。

一旦開始投資股票，就要盡量衝刺，跳脫初學者的階段。能否擁有這樣的自覺，至關重要。

「我要成為股票贏家！」

若有這樣的覺悟，就不能只提升一點點水準，請徹底扭轉自己的思考模式。

用「三級跳遠」這項運動來比喻的話，若遵守騰跳（Hop，指單腳跳）、跨跳（Step，指跨步跳）、躍跳（Jump，指單腳起跳，著地時以雙腳同時落地）三步驟就太慢了。

直接用騰跳、躍跳這兩個步驟，一口氣從大多數投資者中脫穎而出。

投資股票時，一開始的起步最重要。

從今天起，請用騰跳、躍跳兩步驟，掀起股市革命！

Column 1 股票與生意的共通點

經常有人形容我「用經營者的眼光看待股票投資」。確實，我身兼股票投資者與企業經營者的身分，且兩者資歷都剛好是 15 年。

關於商場生意與股票投資之間的共同點，可整理如下：

① 順境與逆境，都要坦然面對

這句名言出自於一手打造 Panasonic 的松下幸之助先生。順境也就是指「景氣好」，這種時候，獲利當然容易增長，但並不會永久持續。唯有將不知何時將至的「不景氣」，當作為自己加分的「夥伴」，才能穩定成長。

股票亦然。若在好景氣時飄飄然，就會吃虧。當每個人都得意忘形、視勝利為理所當然時，更該扎實地培養經驗和資金，才能在不景氣的時候反攻。平常就懂得留意這種循環波浪，且能把波浪當作夥伴，才能在未來建立起龐大資產。

② 想要獲利，勢必得支付一筆經費

公司的營業額，不能全都當成利潤。業務人員的人事費用，以及辦公室的租金、交際費、影印機及電話費等都是必要的經費。也

就是說，做生意必然會有一定的花費及損失。在此條件下，如何累積總獲利，便是重要的關鍵。

股票也一樣。不妨將一定程度的損失，視同獲利的必要經費，好好思考該如何增加整體利潤吧。

③ 切勿輕易停損

一旦展開事業，就很難做出「完全撤退」的判斷。

再怎麼優秀的經營者，也往往會在決策及時機上晚了幾步。

最重要的，反而是成為「很少停損的經營者」。一開始就該從小規模起步，或是反覆地試營運。以股票來說，「分批買進」及「小額試買」便屬於這些做法。

④ 傲慢的經營者一定會毀了公司

有些經營者在景氣好的時候誤以為自己實力堅強，因而夜夜笙歌或是對客戶態度無禮傲慢。

然而，這種人所經營的公司絕不會長久，總有一天會垮掉。當然，成功之後稍微放縱一下倒也無傷大雅，畢竟錢就是要拿來「多多使用」。但無論如何，都要維持一定程度的努力，不驕傲，不自滿，力求不斷成長。

⑤ 越率直的人，成長得越好

無論什麼行業，越率直的員工，越能有所成長。

相反的，那些趾高氣昂、被糾正錯誤後也只會推卸責任的人，不太容易成長。

那份率直，可以幫助你提升成長的品質跟速度。

⑥ 大部分的新人，剛入行的第一年都是赤字

剛起步的新進員工，無論日後成為多優秀的業務員，最初都是從赤字開始學起。其中，成長速度快的員工會慢慢被上司賦予重要的工作。隨著工作內容的快速輪替，他們的經驗也會透過職場的責任不斷累積，進而養成實力。

股票也一樣，起步階段最重要。用正確的方法，確實累積經驗之後，就能夠比別人更快成為獨當一面的投資人。

第 **3** 章

只要 90 天，
從業餘散戶晉升
投資贏家

光靠技術是不會勝利的

投資股票，就像當老闆、獨立創業一樣，經營公司與投資之間的相似處，意外的多。

我最近甚至發現了一件事：**投資股票時，光憑「技術」是不會贏的**。

我想，本書讀者中應該有各個年齡層的人，尤其最近為了準備退休後的資金，越來越多銀髮族開始投資。

當然，技術還是很重要的。

本書為此提供了正確的「想法」「看法」「做法」，請大家務必參考看看。

■從小額投資開始培養對股市的熟悉度

在我的公司裡，不分年齡，只要是想投資股票的員工，我都會主動攬下指導的責任。特別是年輕員工，我希望他們從小額資金開始投資。

投資股票時，必須擁有一定程度的熟稔。因此，**年輕人應該從小額開始進場，優先培養對市場行情的手感**。

開車也是一樣。開久了，就算一開始不太自然，總有一天也能順利倒車入庫。習慣之後，一旦絕佳的時機來臨，就能一口氣從初學者一躍成為「小贏的投資者」。

用正確做法持續不懈地努力，這些練習絕不會背叛自己。

當然，努力是成功路上不可或缺的要素，但更重要的是成長的速度。成長夠快，就能降低早早被迫退場、失去資產的風險。

順便一提，我所教導的員工之中，幾乎所有人都只花 90 天的時間，就從初學者成長為「小贏的投資者」。

但是在教學過程中，我發現自己犯了一個很大的錯誤。

誠如先前所說，此時我才終於明白：**投資股票時，光靠技術是不會獲勝的。**

以下就來說明這段心路歷程吧。

② 投資最重要的 「想法」「看法」「做法」

　　股票成功者都擁有正確的「想法」「看法」「做法」。

　　技術即屬於一種「做法」，可是在實際運用技術之前，需要正確的「想法」。除此之外，還必須了解如何用正確的「看法」組合戰略。

　　用圖來說明的話，即如下頁圖 6 所示。

　　技術當然很重要，如同金字塔頂端般的存在。

　　但是在這之前，如果沒有準備好扎實的「想法」作為底部基礎，以及支撐這些技術的「看法」，就會形成一座搖搖晃晃、不穩定的金字塔。

　　一味追求「做法」，就像是在不穩定的地基上蓋起大房子。

　　舉例來說，不論是否有所意識，但每一位靠股票賺進上億資產的人都知道，股市中有個「兩倍資產」的法則。

　　我稱之為「兩倍資產的遊戲理論」。

圖 6　神速投資術的三種武器

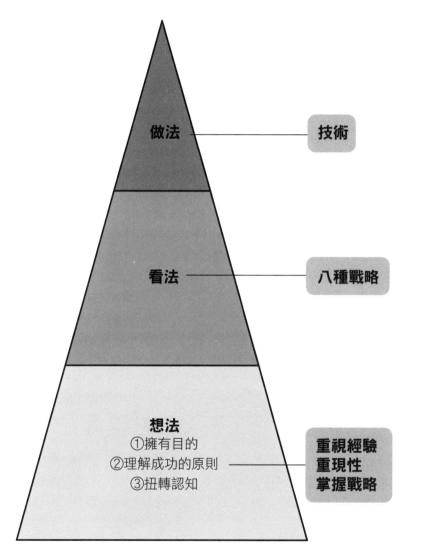

做法 ── 技術

看法 ── 八種戰略

想法
①擁有目的
②理解成功的原則 ── 重視經驗
③扭轉認知 　　　　　重現性
　　　　　　　　　　掌握戰略

　　假設一開始只有 100 萬資金，之後成功把 100 萬翻倍，變成 200 萬，
接著又把 200 萬變成 400 萬。

　　這種時候，把 100 萬變成 200 萬，跟把 200 萬變成 400 萬，兩者花
費的工夫與技術，並沒有太大的不同。若是如此，把 5000 萬翻倍變成 1
億所需的能量與技術，應該也是相等的。也就是說，**在已經成功靠股票
達成 5000 萬資產的情況下，只要擁有充足的技術與時間，基本上任何人
都可能達到上億資產。**

圖7　股票的「兩倍資產遊戲理論」

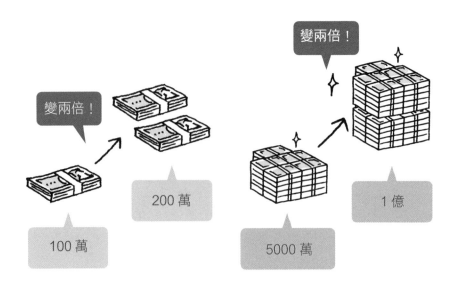

變兩倍！

變兩倍！

200 萬

100 萬

1 億

5000 萬

想累積上億資產，
只需把同樣的事重複做六次

當然，手頭上的資金一旦增加，要處理的個股數量也會增加。

此外，由於對市場造成的影響力也從而提高，或許也會發生「很難再接觸成交量低的個股」等問題。

實際上，的確有投資人因為太在意這些小事，導致無法繼續進步。

此處先不談這些事情，只要專注於思考「如何實現資產翻倍」即可。

請把注意力完全聚焦於將資產簡單翻倍的技術與能量。

事實上，到達這個程度後，伺機攻防的技術及經驗等其他要素，當然也會同步提升。

我再說得更具體些吧。假設股票投資的其中一個目標是賺進 1 億日圓，它的一半即為 5000 萬日圓。5000 萬日圓的一半則是 2500 萬日圓。

同樣的，2500 萬日圓的一半是 1250 萬日圓；1250 萬日圓的一半是 625 萬日圓；625 萬日圓的一半是 312 萬 5000 日圓；再一半是 156 萬 2500 圓。

如果你的目標是 1 億日圓，首先就從 156 萬 2500 日圓開始，將它重複翻倍六次就可以了。

也就是說，若能到達這樣的技術水準，理論上，其實就已經充分擁

有達成上億資產的可能性。

　　只要把這個過程重複六次即可。

　　這時候，最重要的是「**重現能力**」。如果無法重現完全相同（或至少「類似」）的技術，就無法累積傲人的資產。

　　反過來說，只要練就了一定程度的資金能力與技術，剩下的就只是「重現能力」的問題而已。

贏家與輸家的差別

如前所述，股票投資是一種擁有一定程度的實力後，努力提高「重現能力」的遊戲。

本錢夠多的話，就能更快縮短你與成功的距離。

要掌握這些原則，靠的不是技術，而是「想法」。

投資贏家必備的「想法」，其實非常簡單，可以濃縮為以下兩條黃金定律：

→「成功的投資人」為何成功？

　因為他們正在做能讓自己成功的事。

→「失敗的投資人」為何失敗？

　因為他們正在做會讓自己失敗的事。

幾乎所有投資人都在兩到三年內失去了大半資產，理由何在？因為他們做了會讓自己失敗的事情。就這個原因，別無其他。

他們一味追求技術及技巧等「做法」，最重要的「想法」跟「看法」卻總是搖擺不定。

更有甚者，魔鬼總是藏在剛起步的階段。基礎還不穩固的時候，即是最危險的時候。

因此，在講求以最短時間精通股票成功法的「神速投資術」中，格外要求學習的優先順序。正確的順序應該是：

①想法（成功的原則）→②看法（八種戰略）→③做法（戰術）。

前一陣子，我把自己15年來的股票投資技術整理成冊，出版了《日本最強散戶贏家教你低買高賣的波段操盤術》這本書。託大家的福，這本書順利再刷，至今仍名列暢銷排行榜，獲得不少好評。

即便如此，許多投資人到現在仍然會因為無法取勝而來找我諮詢。

也就是說，**光是傳授投資的技術，並不代表一定能獲勝。**

■確實掌握最基礎的想法

因此，我決定將其他股票投資書籍逐一從頭讀起。

結果發現，雖然每本書都有很棒的地方，但是主要重點都放在買賣手法等技術層面，沒有任何一本書專門解說投資的基礎——也就是思維想法，以及俯瞰股市整體戰略的看法。

用餐廳比喻的話，就像是只聚焦於賣弄小聰明的搜尋引擎優化策略和吸引顧客的技巧，卻完全不顧最重要的餐點品質與服務態度。

這也就是最難成功的模式。

相較於此，我希望你們更加看重學習的順序。

不妨想像一下，首先用「①想法」奠定穩固的地基，然後用「②看

法（戰略）」打造支柱，最後用「③做法（戰術）」建造房子。

外觀再怎麼氣派的建築，如果沒能從基礎開始穩紮穩打，只要出一點點問題就會完全垮掉。投資也是一樣的道理。

特別是一開始的地基，必須充分確保其堅固。

看似繞遠路，其實是最快速的捷徑。

只要基礎打得夠穩固，就算蓋房子的方法有些魯莽，也不會因為一次失敗而失去一切。

確立「想法」之後，自然就能夠決定該如何選擇策略架構，以及作戰方式。

這件事至關重要，以下將會詳細地解說。

制勝股市的神速投資術

想在最短時間內取得成功，自有一套學習的優先順序：

（1）掌握股票成功之道的「想法」

（2）理解正確的「看法」（八種戰略）

（3）實踐強大的戰鬥方式，也就是「做法」

只會爬行的嬰兒是沒有辦法騎腳踏車的，首先得學會扶著物體站起來；接著學會用兩隻腳走路；不久後，慢慢學會騎乘裝有輔助輪的腳踏車，最後才能夠騎腳踏車。

首先要穩固基礎，再慢慢提升技術的難度，最後學會自立，這是很重要的流程。

這才是最快的捷徑。

一旦站起來了，要學會走路就沒那麼困難。

一旦拆掉輔助輪，要讓腳踏車順暢運行也就不那麼辛苦。

同樣的道理，股票的技術升級，並不是像爬樓梯那樣一層層地進步。

只要按照正確的順序學習，在超過一定程度的質量之後，就會一口氣成為高手。

投資人之所以失敗，就是在來到「一口氣成為高手」的階段之前，

因為苦無成果而太早放棄了；又或者是因為學習順序亂了套，起步時就已經失去所有資產。

股票投資的祕密即是**用正確的順序，一氣呵成地專注學習**。

做到這一點，視野將宛如大海般遼闊。

6 掌握正確「想法」，才能擬定戰略與戰術

從事投資時，「想法」最為重要。

能夠扎實賺取獲利的股票高手，都是因為確實掌握了贏家最基本的思考方式。

其中，又以「目的」最為重要。

順帶一提，我在提筆寫下本書時，一開始最先決定的也是「目的」。我的目的是以下三點：

（1）幫助本書讀者在 90 天內成為投資贏家

（2）低成本，並且可以靠自學達成

（3）能夠確實帶來獲利

一開始先決定目的，就可以清楚看出「為達目的，哪些是該說明的事項，哪些該刪減」。

換作是股票投資，也能根據目的，決定最適合的戰略與戰術。

例如本書第 5 章將會談到職業操盤手也在用的「空頭避險」「放空」；第 6 章則更進一步談到如何進行「融資融券交易」。

然而，如果還沒決定好「目的」，便因為貪圖獲利而勉強使用高難度技術，將會面臨失敗。

融資融券交易是運用槓桿來增加獲利的手法，但風險也相對會倍增。如果目的是建立上億資產，而可操作的資金又不夠充裕的話，就該好好活用融資融券交易。

但是，如果想抑制風險，穩定地增加資產，就不應該使用這種交易手法。

為了不受欲望支配，冷靜地做出決斷，必須先釐清投資股票的「目的」。

■決定目的，能少繞一點遠路

不過，通常跟投資人提到「先決定一下投資的目的吧」時，大家都有些反感。

大多數人會先產生這樣的想法：「快點教我賺錢的技術，趕快告訴我明天哪檔股票會漲。」

然而，若要心想事成，當然得先決定好「目的」。

有了目的，就會知道該怎麼使用戰略或戰術。

「你真的渴望投資成功嗎？」

「所謂的成功，是指賺進多少錢呢？」

「賺這些錢是為了什麼？你打算賺到什麼時候？」

若有明確的目的，你應該可以毫不猶豫地回答以上問題。

「賺到什麼時候，希望賺到多少」，即是一種投資的目的。

因為有目的，才能勇於挑戰

雖然是稍久之前的話題了，但在 2012 年底，安倍政權上台後，許多人受益於安倍經濟學行情，資產大幅增加。

面對這樣的情況，不少人批評「不過是正好跟上行情罷了」。

確實，這是不爭的事實。我也明白為何會有這樣的論調。

說起來，我本人就是「剛好跟上行情的投資人之一」，在安倍經濟學行情中大幅提升資產。

在次貸風暴前後，我的資產一度增加到 1000 萬日圓左右，目前更已經超過 2 億日圓。

但也別忘了，像我這樣「剛好跟上行情」的成功者，在成功之前，也曾是一位努力達成目的、做足準備的挑戰者。

我迎向目的，持續準備著。正因如此，當機會到來，才能夠順利地站上浪頭。

衝浪者也是一樣。他們在衝浪板上漂浮著，一半身體泡在冰冷的海水裡，隨著波浪起伏搖晃，等待站起身的機會。

光是在沙灘上旁觀眺望，不可能抓住機會。

「這樣的風浪我沒辦法。」

「那傢伙姿勢真難看。」

「海水那麼冷，真虧他能泡在那兒。」

一味批評，是絕對站不上浪頭的，就算有個大好機會出現在眼前，也絕對沒辦法掌握。

事到臨頭才慌慌張張跑到海邊，也無法成功追浪。

缺乏準備，又沒有覺悟的話，就會跟著泡沫一起沈下去，說不定連「發現機會」的能力都沒有。

沒有目的的衝浪者，絕不會受到大海的眷顧。

神速投資術將扭轉你的投資

在此先說清楚講明白吧。

一直失敗的投資人，只是因為成長過於緩慢而已。

而退場的投資人，大多是因為沒有投資股票的目的，對市場的看法太過天真。

能夠讓公司營收不斷成長的經營者，都會認為：「只要一年沒有成長，公司離倒閉的日子就靠近一年。」

當其他競爭對手持續成長的時候，「停止成長」的現象本身並非單純停滯，而是退化。

雖然沒有確切的數據，不過我認為股票投資也是如此，能夠長期持續勝利的投資人，在比例上非常稀少。

此時此刻，這樣的投資人至今仍腳踏實地面對市場，持續學習，他們與你之間的差距當然也就不斷拉大。

為了縮短差距、脫穎而出，你需要「噴射機」與「噴射燃料」這兩項工具。具體來說，就是運用騰跳法（Hop）學習正確的「想法（成功的原則）」；接著用躍跳法（Jump）掌握高效的「看法（八種戰略）」與「做法（戰術）」。

上了戰場，就無法再彌補指揮官的戰略錯誤。

希望各位先透過本書，確實進行模擬練習，累積經驗。

Column 2　不求甚解，就無法成功

　　如果真想增加金錢，有件事請千萬避免：不要因為「自己不懂」，就把事情統統丟給別人處理。

　　這樣一來，不只完全停止思考，甚至連責任都轉嫁他人，無法從失敗中學到任何教訓。停止思考的人，不可能賺錢。

　　成功與風險都要親身控制，才能持續地學習。

　　不斷成長的回饋，即是獲利。

　　想在股票上獲得成功，請記住這句話：**「如果現在選擇了輕鬆，將來就會創造出更困難的狀況。」**

　　從未吃過苦頭的人，無法賺取獲利。

　　想賺錢的渴望越強烈，失敗的經驗次數就會越多，無關乎專業或業餘。

　　即便是專業操盤手，在增加手頭資金周轉率、積極布局決勝的時候，剛開始的「買進（或賣出）」勝率也幾乎低於 50％，連專業人士也不例外。

　　當然，有個方法可以輕易將勝率提高到 70％甚至 80％。

　　那就是**「一個勁地等待，等到能夠致勝的時間點」**。

　　也就是說，耐心等到數年一次的暴跌或金融危機發生為止。在此之前保持靜止狀態，什麼也不做。

　　若能貫徹這樣的投資方法，勝率自然會上升。

　　如果是專業人士，在原有經驗與技術的加持下，可望進一步提高勝率。

　　然而，相對的，獲利的機會也會明顯降低。

　　若有本事在暴跌的時候一舉投入高額資金的話，當然是另當別論，但是大多數投資人並非如此，我也不例外。

　　所以，投資時必須抱持著「承擔一定程度風險」的覺悟，勇於一決勝負。

　　或許經常判斷錯誤，畢竟股市中不存在絕對 100％的正確率。有時正確率甚至可能不到 50％。

　　這種時候，要怎麼彌補剩下的 50％？

　　既非運氣，亦非氣勢，而是冷靜的判斷力與經驗。

　　為此，即便你過去主要投資定期定額基金，或是習慣投資信託等能夠委託專家的做法，也絕不能把投資相關工作全部交付他人。請積極地多看多聽，逐步累積自己的判斷力與實戰經驗。

第 *4* 章

【 Hop 騰跳 】
股票投資的
起跑衝刺

成為股票高手的三大重點

本章開始，終於要來談談起跑衝刺的關鍵──「想法（成功的原則）」。

想法由三個要素成立：

（1）擁有目的

（2）理解成功的原則

（3）扭轉認知

以下就來逐一解說吧。

（1）擁有目的

第一是擁有明確的目的。

少了目的，就無法訂定後續的戰略與戰術。

無論是放空等高難度的技巧，抑或是融資融券交易等操作選項，千萬不要只是因為「好像很賺」而盲目使用，必須因應目標，個別活用。

戰略與戰術，是為了具體達成「目的」而運用的手段。

想精通「神速投資術」的話，事先決定目的，也是一種有效的做法。

　　之所以感到不安，都是因為看不見目標。從起點開始就清楚明訂學習目標，可以避免無謂的繞路，更有效率地成長。

（2）理解成功的原則

　　第二是理解成功的原則。

　　乍聽很深奧，其實並不是什麼艱澀的內容。讀了之後，可能還會覺得：「什麼嘛，原來是這個！我早就知道了。」

　　然而，光是「知道」遠遠不夠。

　　懂得實際採取行動，與單純的「知道」，兩者的層次完全不同。

　　本書主打的訴求是「神速」，在最短時間內，以最快速度靠股票成為賺錢的投資人。

　　為此，我強烈建議將此處介紹的「股市成功原則」，原封不動地下載到大腦裡。

（3）扭轉認知

　　最後，第三點是扭轉固有的認知。

　　將過去至今習慣的觀點，進行 180 度的改變。

　　具體來說，你必須了解股票是「從失敗開始入門」的遊戲。

　　必須理解對股票高手而言理所當然的勝利模式──「想要贏的話，就不能不輸」。

怎麼樣？讀到這裡，是否覺得「成功的原則」似乎意外簡單？

其實，每個專業的投資人都正在實踐最簡單的方法。

他們反覆貫徹這些手法，磨練到任何人都無法模仿的程度。

掌握正確的觀念，
接著融會貫通，
成功並不難！

② 若想成功，
一開始就要決定好目標

想靠股票邁向成功、建立資產的話，最重要的關鍵是決定「目的」。
當然，我並不是指潛意識的動力，或是抽象的契機，而是具體的目標。

為什麼一開始擁有「目的」如此重要呢？

以登山為例，如果一開始沒能決定爬哪座山，就無法選擇合適的裝
備與路線。

假設要攀爬喜馬拉雅山聖母峰，卻只帶著一般健行的裝備，想必還
沒登上山頂就已小命不保。

相反的，一旦決定要爬哪座山，接著就只要從各個選項中，挑出必
備的裝備、理想的路線選擇等策略即可。

然而，股市中，九成的人缺乏明確的目的。

相信大多數人剛開始投資股票，都是出自於相當模糊的動機：

「景氣好像不錯。」

「連朋友跟前輩都開始投資了，我也要跟上。」

「總覺得不買股票有點不安。」

甚至是：「因為證券公司的業務一直打電話推銷，所以就……」

每次都憑著直覺購買，讀了財經新聞後更是亢奮不已，於是進一步

投注資金。沒有特定的目的，只是天真地相信了證券公司公布的新聞訊息，糊里糊塗做起融資融券交易。

為了避免情況演變至此，也為了成為勝利的投資人，首先請親自決定以下三件事：

（1）為什麼要投資股票？

（2）想投資到什麼時候？想賺多少錢？

（3）為達目的，需要什麼樣的戰略？（關於具體戰略，本書第 5 章將詳細解說）

如果只會說：「反正我就是想賺錢。」簡直形同兒戲。

把股票投資的目的，與達成目的所需的戰略相互搭配，才能夠高速成長。

比起想法天真、成長遲緩的投資人，你會比他們搶先一步甚至兩步。當然，也會比他們更早賺到錢。

因為你擁有目標、擁有邁向目標的策略，更擁有將策略加以實踐的戰術。

相反的，如果不清楚該朝往哪個方向前進，那麼豈止是無法訂定策略，連必要的戰術都無法設計。

投資的目標可以自由設定。但是，請擬定一個能讓自己認真看待的明確目標。

例如「想賺 1 億日圓」或是「想在兩年內賺到 1000 萬日圓」，請設

圖 8　投資贏家的自我檢查表

問題 1 為什麼要投資股票？

_____

_____

問題 2 想投資到什麼時候？想賺多少錢？

_____

_____

問題 3 為了達成目的，需要什麼樣的戰略？

_____

_____

寫下你的答案吧！

定具體的金額。

　　基於這樣的目的，接著再計畫如何實現。

　　思考戰略，再落實於「應該投入多少資金」「是否該運用融資融券

交易」等戰術之中。

策略不能只有一個，正因為有目的，才能夠萬事俱備、整體均衡地向上成長。

各位是否聽過一則關於哈佛大學問卷調查的小故事？這則故事是說，哈佛發起一項問卷調查：「對自己的未來是否有目標？」之後再追蹤回答者的收入成果。這則故事非常有名，想必很多人都已經聽過了。

首先，調查中有84%的學生回答「完全沒有目標」；13%的人表示有目標，但並沒有具體填寫在問卷上。

其中3%的人擁有明確的目標，也確實將計畫寫在紙上。

結果，那些已決定目標的13%的人，其收入是「完全沒有目標」族群的兩倍；而那些擁有目標，並將計畫寫在紙上的少數3%，其收入據說高達十倍。

當然，聽過這則故事之後，也許有人會懷疑：「光是寫下來，就真的會讓金額增加嗎？」「這不就是勵志書常見的故事嗎？」

然而，我認為最重要的關鍵並不在此。重點並不是潛意識或深層心理等虛幻抽象的事物，而是被人提點之後，能否坦率地承認自己的不足。

試著挑戰看看，你的行動力將會改變你的未來。

如同剛才所說，如果沒能確定具體的目標，也就無從決定後續的戰略與戰術。

不妨先設定一項目標，之後一邊讀著本書一邊調整也沒關係。

首先，請動筆寫下投資的目的及期望的金額。

目標能加速你的成長

有了目的，成長也會加速。

這一點同樣適用於證券公司舉辦的投資講座等場合，擁有清楚目標的投資人，總是能問出快狠準的好問題。此外，他們也很清楚自己的不足之處，從而加快邁向目標的成長速度。

相反的，如果連自己為何參加講座都搞不清楚，又會得到什麼樣的結果呢？

請各位回想一下，實際參與講座時，是否遇過這樣的人：連自己都搞不清楚發問的目的，提出了莫名其妙、意義不明的問題。

更有甚者，有人明明主動發問，卻講到一半就忘記內容，只能吞吞吐吐：「呃，不好意思，我的意思是……那個……」一邊發言一邊思索問題。

這些人的投資目的，其實都很曖昧不明。

在缺乏目的的情況下，只想著「也許可以發大財」便來聽講座，因而無法順利表達目前最切身的疑惑，投資之路當然也無法如願順利。

■ 沒有目的的人，不可能察覺窗外風景的變化

那麼，該如何幫助這些人釐清問題呢？其實很簡單。只要搞清楚「目

的」就可以了，也就是詢問「為什麼要投資股票」。

　　一問之下，對方或許會回答：「公司將發放一筆獎金，所以想拿來投資股票。」

　　繼續追問：「你想賺多少錢？」

　　對方回答：「想盡量降低風險，所以每個月有 5 萬日圓就可以了。」

　　「那麼，為達目的，你在這次講座中希望學到什麼？目前有什麼收穫嗎？」

　　這時，他總算說出口：「啊，對了。我想問老師，一個月要賺 5 萬日圓的話，大概得投資幾檔股票？還有，我一直很猶豫是否該動用融資融券交易？」

　　用追問的方式問出明確目的，便能逐漸理解現在最重要的問題。

　　人的大腦擁有一項相當方便的性質：一旦產生疑問，就會想要尋找答案。

　　不過，若是連目的地或路線都尚未釐清，就算想問也無從問起。

　　正因為懷抱目的，才能發現一路走來，窗外景色不斷嬗遞。

　　也是因為擁有具體目的，所以在察覺有異的那一刻，正是股票投資的成長猛然暴起的瞬間。

直接將投資的成功原則下載到腦袋裡

接著來談談股票投資的成功原則。

股票的原理，其實等同於自然界的生存法則。為了存活，動物的父母都會嚴厲地教導孩子規則。

話雖如此，股票投資的原則只有以下三點，請盡可能將這些原則記在腦海裡：

（1）缺乏「經驗」→成為重視經驗的投資人

（2）缺乏「重現性」→獲得重現能力

（3）缺乏「戰略」→掌握戰略

且讓我一一詳細說明吧。

（1）成為重視經驗的投資人

想成為投資贏家，「經驗」是必要的條件。

最重要的關鍵在於經驗，而非知識。

　　股票書中所寫的「空頭避險」「放空」等技術，即為此處所指的「知識」。將知識運用於實際行動，便能獲取經驗。

　　接著，藉由累積成功與失敗的經驗，才能得到可實踐的「技術」。

　　為了成為投資贏家，最終仍須仰賴這樣的「技術」。

　　很遺憾的是，技術並非僅憑讀書或參加講座就能取得。

　　除非反覆實際操作自己已經明白的概念，親身體驗一番，否則不可能掌握技術。

　　比起新聞或《四季報》等紙上知識，真正的成功投資人更重視從「經驗」中萃取的知識，例如實踐結果、獲利成績，以及失敗原因。

　　唯有重視經驗，投資人才能慢慢自立。

（2）獲得重現能力

　　在股票投資上累積經驗，也就是透過實踐，一再地累積成功或失敗。

　　任何人都討厭失敗，但是總有一天，你會察覺在失敗中也有所謂「失敗的規則」。

　　同樣的，你會發現成功也具備「成功的規則」。遵循規則來減少失敗，增加類似的成功，這就稱為「重現能力」或「重現性」。

　　許多經營者雖然能力出眾，卻也曾失去大筆資金，瀕臨破產邊緣。例如通訊服務企業 USEN 集團的宇野社長，以及網路廣告代理公司 CyberAgent 的藤田社長等。但是他們如今又完全復活，甚至大幅地擴增事業版圖。

　　能夠從低迷不振中東山再起的原因究竟為何？其中之一就是懂得「重現成功」。

　　每一位企業家一定都知道「重現的重要性」。因為重現性是使事業成功的關鍵，也是不可或缺的成功驅動器。

　　然而，若提及股票投資上的重現性，大多數人卻都有所不知：

・從成功中學習成功的規則
・從失敗中學習不敗的規則

　　運用這樣的規則，再次複製同樣的成功，然後再一次、再一次……一再重複的同時，慢慢減少失敗的模式，即可逐漸專注於追求勝利模式的重現性。

　　再怎麼花俏的技術，也不能少了踏實的重複操作。

　　投資人獲勝的關鍵並非知識，而是這些知識是否具有重現性。

　　一旦建立了重現性，這些技術就禁得起無數次反覆使用。

　　另一方面，閱讀股票書時，經常看到「布林通道」「PSY 心理線」等各式各樣的技術用語。運用這些複雜技術，也許偶爾會猜中一次，但很遺憾的，如果無法清楚說明其重現性，那些成功就真的只是偶然而已。重要的是能否將技術重現於股市交易。

■能否無數次重現同樣的模式

後面的章節將有更詳細的說明，不過本書也會介紹「空頭避險」「放空」「融資融券交易」等專門技術。

不過，最重要的是，本書並不會要你死記硬背這些技術，而是強調如何活用技術，並透過技術，將同一套勝利模式重現無數次。

別因為某本雜誌或某個網站這樣教，就盲目地跟著做。

如果沒有重現的自信，這些行為反而會形成壞習慣，還不如不做。

（3）掌握戰略

從「經驗」中獲得「重現性」之後，還有一件重要的事：如何在股市中發揮「重現性」，以便增加獲利？這就有賴「戰略」了。

缺乏投資戰略，就無法脫離「想到什麼做什麼」「毫無計畫」的失敗組行列。

掌握戰略，也能拓展你在戰場上的選項。

股票投資在某種意義上就跟大學學測一樣。

請想像一下，自己正在不斷與大多數人相互競爭，測試自己是否更占優勢。如果你能從眾多選項中做出正確選擇，機會就相對變大了。相反的，沒能做出正確的選擇，或者什麼都不懂的話，恐怕將直接面臨虧損。

為此，下一章——也就是第 5 章，將全部用來說明戰略。

第 5 章將會具體介紹八種戰略，每一種都是可以擴增選擇的重要「做法」。請藉此熟練各種戰略。

以上三大原則，就是勝利投資人該有的想法基礎。

擁有原則，即可回應任何狀態，就像擁有可靠又強壯的核心骨幹。

如同我在第 71 頁所述，投資就像蓋房子。打好基礎，才能靈活發揮下一章起要介紹的戰略與戰場攻防。

扭轉認知，股票是「從輸開始入門」的遊戲

最後要來談談「扭轉認知」。

了解正確的勝利方法，也就等於了解失敗的方法。

如果想贏，就必須先輸。

這樣的想法或許聽來有些奇怪，為何我會這麼說呢？

因為在市場上，失敗是常有的事，無法單純避免失敗。

投資股票的勝利與失敗，就像銅板的正反兩面。成為高手之後，反而能巧妙利用失敗來增加勝利。

對於「失敗」的理解方式，股票高手與你有著明顯的差異。

再怎麼努力訓練，仍然無法完全避免失敗，即便來到「投資達人」的層級，也是如此。

失敗是絕對不會消失的。

反觀將棋、劍道等競技活動，程度上的差異將形成壓倒性的實力差距，這一點和股票投資完全不同。

有些投資人光是搞懂了這樣的想法，便能瞬間突飛猛進，成為高手；也有些投資人更因此大幅改變了操作手法。

請一定要調整對失敗的概念和想法。

以下就來具體說明該如何正確看待失敗吧。

■為何資深投資人也無法勝出

在劍術的世界裡，只要刻苦練習，確實可能成為「無敵的劍豪」。

如果與劍豪的實力差距過大，連劍尖都完全碰不到對方，只要露出瞬間破綻，一招就會倒地。

然而，即便是在股票投資之路默默耕耘 40 年以上、宛如不食人間煙火的仙人級資深投資人，也可能輕易被打敗，而且還是連續慘敗。

這一點就跟劍術大異其趣了。

而這正是扭轉固有認知的重要思考方式。

其實，股票市場的對手是線圖。

投資的任務即是預測未來動向，既然如此，再怎麼累積實力，也不可能百分之百猜中。當然，長期累積經驗與重現能力之後，相較於初、中級投資者，確實比較不容易失準。但這樣的理論仍舊有其極限。

下頁圖 9 能夠幫助你輕鬆理解以上論點。

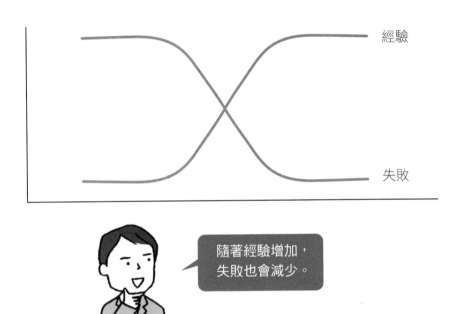

圖9　股票投資的經驗與失敗的關係

隨著經驗增加，
失敗也會減少。

　　隨著經驗累積，實力也會增長，失敗就會慢慢減少。即便如此，仍無法讓失敗完全消失為零。

■股票是從輸開始的遊戲

　　以下這段話即能具體表現出我對失敗的想法：

・平凡的投資人不僅不會贏，還會一直輸
・二流投資人為了勝利，會努力少輸
・一流投資人為了提高勝率，會思考如何輸

　　股市億萬富翁的失敗次數，無疑遠多過他人。換言之，失敗與勝利都是成功路上不可或缺的要素。

　　什麼樣的情況下，會讓人恐懼失敗呢？那便是不可預測的時候，抑或是無法事先準備好因應對策的時候。

　　事態突然往預料之外發展，因而感到害怕。

　　在這樣的前提下，一開始就會先預測失敗，進而控制失敗。

　　也就是說，**股票是從輸開始的遊戲**，從一開始就要改變固有認知。

　　有一段時間，我也是每天努力求生存的投資人。

　　關於當時那段赤裸裸的失敗談，我已在《日本最強散戶贏家教你低買高賣的波段操盤術》這本書當中詳細說明，此處就不提了。

　　當時，我一心一意想要變強，試遍所有的方法。我甚至聯絡專業操盤手，直接向他懇求指點。

　　還記得當時，那位操盤手的辦公室位於名古屋。我搭乘新幹線抵達名古屋車站，再轉搭東海道本線，足足 40 分鐘的車程。

　　我來到一個名叫三河安城的地方，聽起來很像 NHK 大河連續劇會出現的地名。踏入一棟可兼作辦公室使用的白色大廈，走進裡頭的房間後，我第一次親眼見識職業操盤手的投資方法。

6 專業操盤手最重視三件事：
工具、線圖、想法

　　當時，我體會到幾個專業與業餘的差別所在。最明顯的差別，即為
以下三點：

（1）工具

（2）線圖

（3）想法

　　首先，專業與業餘所使用的工具完全不同。

　　這位操盤手把他稱為「帳簿」的買賣交易紀錄、密密麻麻寫滿失敗
與反省內容的筆記等，都當作必備工具，珍惜不已。

　　此外，他十分重視線圖的走勢，力求逐步讓自己的投資技術，與線
圖的發展方向完美重疊。

　　在他的工作室中，有個幾乎頂到天花板的書架。裡頭擺滿了《日經
新聞》《四季報》，以及雜誌上剪下來的文章及圖表報告。不過，擺放
的優先順序各有不同：他以線圖的走勢為優先，新聞等資訊全擺在後面。

　　還有另一個專業與業餘之間的重大差異，那就是**對失敗的想法**。

　　剛開始從事股票的投資人，滿腦子只想著贏。說他們「只執著於贏」
或許更加精確。

　　但是專業操盤手就不是這樣想的了。他們一開始會先預想到失敗，
才出手買進第一筆。

把投資的失敗當成夥伴

在股票投資上，即使只贏了 100 日圓，勝利仍然是勝利，無損其結果。如果持續十次，便是十連勝。

不過，即便如此，也只能賺到 1000 日圓而已。

如果在第十一次決勝時大敗，過去好不容易攢下來的獲利，很可能全部化為烏有。

剛開始投資時，人人幾乎都處於這種模式：慢慢累積小小的獲利，一次暴跌就全盤皆輸。這是一種「努力瞬間化為烏有」的循環。

想要擺脫這樣的惡性循環，不如轉念讓失敗來幫助你。

為什麼幾乎所有投資人都會在數年內失去資產呢？我認為可列舉以下兩個理由：

（1）不了解股票投資真正的可怕之處

（2）不知道失敗時的因應方法

特別是「（2）不知道失敗時的因應方法」，多數投資人都處於這樣的狀態——不懂如何處理失敗，卻仍繼續投資。

■失敗時的因應方法

另一方面，股票的億萬富翁裡，並不存在從未失敗過的人。專業的操盤手的失敗次數，更是你的千百倍。

經常分析自己的失敗，從中找到勝利的規則，才是股票成功的最短捷徑。

因此，我對失敗的理解逐漸轉變如下：

（1）把投資的失敗視為理所當然

（2）把失敗的虧損當成必要的學費，理性看待

（3）從失敗中多學習

（4）掌握從輸開始起步的「戰略」

（5）了解反敗為勝的「作戰方法」

前三項比較接近心態問題。

最重要的反而是第四、第五項——掌握從輸開始起步的戰略，以及反敗為勝的作戰方法。

所謂「把失敗當成夥伴」的手法，是指從失敗中復原，同時反敗為勝的方法。

本書第 6 章將會介紹這些具體的方法。

股票的勝負是一體兩面

關於投資贏家的正確「想法」章節，終於來到尾聲。

接下來的內容會稍微進階一些，或許比較適合中級程度的投資人，股票新手可能會覺得有一點難。

不過，如果能在現階段領略接下來要說明的觀點，相信會很有幫助。

畢竟，無論股票高手能否清楚講述這些觀點，他們幾乎都是在不知不覺中掌握了這些投資原則，進而運用在攻守之間，在市場上賺取獲利。

因此，請各位初學者不必太過著急，慢慢看下去。

我已經說過，**股票投資的勝負是一體兩面**。

更有甚者，股票交易也並非單靠買方的勢力就能夠成立。賣方的勢力——也就是「放空」「空頭避險」這種賣方布局的勢力，也有一定程度的影響。

換句話說，在股票市場中，股價越跌就越賺錢的投資人，占了一定比例，他們與行情一直處於微妙的平衡。現在你正在觀看的線圖，即包含了這兩者的能量。

例如，**圖 10** 與**圖 11** 兩張線圖都是商船三井的股價走勢。

兩張圖相互對照，就像是鏡像反轉的世界。實際上，澳洲等南半球國家就是使用這種將視角反轉 180 度的地圖。

就算是同一個地球，只要立場跟所處的位置不同，看法也就不同。

圖 10　商船三井（9014）線圖

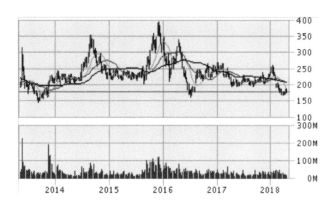

圖 11　商船三井（9014）反轉線圖

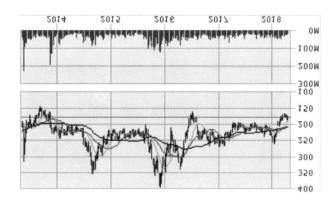

這麼想的話，就會比較容易理解買方的勢力，以及後面要介紹的「放空」「空頭避險」等賣方勢力的構圖了。

了解一體兩面的架構，才能真正了解股票投資的全貌。

我所認識的專業操盤手中，通常自有一套堅持的原則，或者是非常認真閱讀，總之他們都帶點「哲學」的氣質。無須刻意死記，他們自然能在不知不覺間理解股市「一體兩面的同質性」。

■因應「反轉世界」的防禦對策及有效攻略

實際上，了解這一點是有好處的。

真正理解股票投資同質性的投資人，其戰略與戰術會更加深厚。

坦白說，就算傳授你技術上的「放空」「空頭避險」等下跌風險的因應法，實際上要巧妙應用仍然很困難。

當然，經驗尚淺當然是原因之一。

然而更重要的因素是，初學者還不太能理解「為什麼需要這樣的戰略」。

股市中，確實有一定程度的勢力，憑著下跌的線圖來賺錢。

就像電影《星際大戰》，唯有在發現彼此勢力分庭抗禮的時候（並不意味著誰善誰惡），才能明白如何攻擊與防禦另一個世界的人。

而在行情的正反兩面中，兩者能量基本上是相等的，戰略的數量也一樣。

失敗正是變聰明的機會

本章即將進入總結，若想成為投資贏家，本章介紹的內容最為重要。

從失敗中汲取知識的速度越慢，失去資產的機率也就越高。因此，還是趁早累積一點小失敗比較好。

失敗正是變聰明的機會。

專業人士會用自己慣用的方式，反覆操作單純的做法。透過這樣的經驗，能讓自己更容易接受失敗，進而讓失敗連結到下一次的成功，提高重現能力。

即便是與對手相互比拚實力或體力的競技比賽，這樣的做法也較能保持長期的體力，效率也較高。

然而，如果沒有事先準備好這樣的「想法」，再怎麼說明，恐怕你也難以理解。

誠如第 2 章所述，投資時，第一次買進的勝率，不因專業人士或初學者而有不同。

而投資的技術就算多少會受初學者的運氣影響，但只要累積夠多的操作次數，真正的實力差距便會逐漸浮現。

若能持續靠運氣取勝也就罷了，但是只要會失敗，就不能說是聰明的方法。

每次都用不同的方法操作，就不可能發現失敗的原因。無法發現失

敗原因，也就不可能找出重現性。

最終，這種亂七八糟的投資方法，將會使你不由得產生「只想一次賺飽」的想法。

各位聽過《一勝九敗》這本書嗎？

這本書彙整了柳井正會長——將服飾品牌優衣庫打造為國際企業之推手——的經營哲學。

優衣庫之所以能僅憑一代企業家便成長到這個地步，背後累積了柳井會長在農業事業及培育繼承者等眾多計畫上的失敗經驗。

實際上，他在進軍海外的路上也曾經發生過重大失敗，遭受莫大的損失。

但這些過程，使公司成功進軍中國、新加坡、越南等國家，得以搖身一變，成為聞名國際的成衣企業。

這究竟是為什麼呢？

各位現在應該已經知道答案了。

是的，那就是從失敗中分析戰力，並在下一次的戰鬥中取得勝利。

如果沒能連續的累積失敗，再優秀的經營者，也不可能使公司變成世界上數一數二的龐大企業。

股票也一樣。「非要連戰連勝不可」，這種天真的常識，在商業的世界裡其實等於沒有常識。

請務必從聰明的失敗當中得到真正的勝利。

【Jump 躍跳】
神速投資術的
八種戰略

不受控的市場

15 年前，我在開始投資股票後發現，股票高手與業餘人士之間只隔著一道思考之牆，如下所述：

· 股票初學者總是想要盡力控制市場
· 股票高手首先思考如何控制自己

乍聽像是繞口令的兩者差異，卻會產生料想不到的成果差別。

據說，從羽田機場出發前往紐約的航班，只要偏差幾個經度，就會飛到拉斯維加斯。極其微小的偏差，也會導致如此重大的差異。

越缺乏經驗的投資人，往往越認真地想要控制市場。以為詳讀財務報表的分析方法、理解海外基金的動向，就能夠掌握市場。

這樣的認知雖然沒有錯，卻不算正確。

財務報表是股票高手也會查閱的重要資訊來源，海外基金也是決定股價的關鍵因素。然而，把這些資訊及海外的動向研究得再清楚，也無法控制市場。

高手從長年累積的經驗中已經察覺，「控制市場」是不可能的事情。

比起市場，他們首先想到的是控制自己。

2 邁向成功的八種戰略

有人說，股票投資是一種「經驗的科學」。

就像運動一樣，為了學會游泳，我們在水裡拚命划動手腳，透過經驗逐步學習。

再怎麼勤快地趴在榻榻米上練習自由式，不實際下水練習，就不可能精進泳技。

特別是在股票投資的世界，一旦碰上沒有經歷過的狀況，就非常不利。不知該準備什麼招數、缺乏選擇的投資人，很容易在市場上失敗。

該如何因應各種狀況？

在無限延伸的劇本中，該如何組合戰略決策？

擁有可選擇的數種選項，是很重要的事。

接下來要介紹的是**投資成功的八種戰略**。了解這些戰略，即可在提高「進攻能力」的同時，一併提高「防守能力」——也就是預測對方如何出手，進而找到防禦對策的技能。

（1）進攻能力
（2）防守能力

請記住，能夠同時提升兩者的方法，就是神速投資術的八種戰略。

我準備了幾張線圖，並具體介紹過去親身實踐過的方法。

請反覆閱讀，將以下內容深植於腦海中。

■八種戰略的想法與用法

好的懸疑劇，會透過一開始就登場的人物來推演故事。

以密室或列車為場景的作品，之所以比較容易成為名作，就是因為在某種程度上，這樣的場景較能控制登場人物的戲分。

假如突然跑出一個前面都沒出現過的人物，大喊：「我才是兇手！」相信大家都難以接受。

股票投資也一樣。最理想的做法是一開始就把所有劇本都看清楚，否則很難掌握動向。

如此一來，操作交易時，也能控制行動範圍。

■關注市況，同步搭配組合投資戰略

狀況未明時，究竟該如何應對？

以陸上自衛隊的術語來說，會用「撥開眼前的迷霧」來形容此情境。

自衛隊在實際作戰前，非常看重情報分析：「根據目前的狀況，如何展開戰略？」「預測會有多少損害？」

首先綜觀戰局，接著組合戰略，最後才會部署軍隊，讓局面往勝利的方向前進。

股票投資的八種戰略也一樣。

先觀察市場狀況，接著思考如何組織投資戰略，最後則是運用買
（賣）來導向勝利。

透過這樣的順序，做出判斷。

選擇專屬於你的必勝組合

這本書即將進入後半場。

雖然因人而異，不過接下來的部份，應該是最刺激、最能感受投資戰略的深奧與有趣之處。

戰略的看待方式——即組合方法——非常重要。在戰場上，選擇的限制會直接成為思考與行動的界限。

打個比方，各位讀者知道戰國時代的「長篠之戰」嗎？這場著名的戰役發生在日本天正 3 年（西元 1575 年），地點位於現在的愛知縣，由織田信長與德川家康聯軍對上武田勝賴軍。

當時，勝賴率領的武田軍只懂得騎馬打仗的基本戰術。相對於此，織田軍備有鐵炮部隊。此外，他們一隊分為三列，是當時最強的戰略布陣方法。

閱讀這些史料時，腦中或許會浮現「鐵炮隊 VS 騎兵隊」這種戰力懸殊的日本戰國時代畫面，對吧？

然而，我認為這樣的描述恐怕也不盡正確。

當時，從京都到近畿一帶的領地都已納入織田軍麾下。我認為織田軍的資金能力，是已經開始衰退的武田軍的數倍之多。

因此，軍隊後方理應也有在織田軍統率下聚集的頑強騎兵。只不過這場戰役剛好比預計更早分出勝負（對方戰敗逃走）而已。

就算織田軍當初已備妥相同數量的騎兵隊，伺機給予敵方致命一擊，這樣的假設也不足為奇。畢竟是著名大將織田信長，搞不好甚至已部署了手持鐵炮的實驗性特殊騎兵隊，準備用以展開奇襲。

此外，擋下武田軍進攻勢力的關鍵，可遠遠不只是鐵炮而已，很可能還有專門挖掘壕溝或製作拒馬的工兵。

況且，織田、德川聯合軍總計接近 4 萬人，相對於此，武田軍兵力只有 1 萬 5000 人，不及對方的一半。

人數也好，士氣也好，聯合軍都占壓倒性的優勢，就算直接用兵力硬碰硬，相信也不會輸。

然而，即便擁有兩倍以上的兵力差距，織田軍也絕不疏忽，確實運用鐵炮與拒馬進行雙重準備，「選擇」了萬無一失的必勝組合。

這就是織田信長的作戰方法。

相對的，武田勝賴的選擇又是如何呢？很遺憾的，他只有一種選擇。

在擁有充足防禦、分批、攻擊、假動作、突擊、援軍的織田軍層層包圍下，武田軍只能透過僅有的戰略抵死衝刺。

這就是迫使武田軍走向滅亡的「長篠之戰」真相。

你擁有多少投資戰略？

不妨將沙場上的情境代入自己的股票投資，重新檢視吧。

請盡情發揮想像力，你現在能想出多少可用以迎戰的選擇？

只要能配合股市，掌握各種劇本走向的選擇，就能時時讓狀況往對自己有利的方向發展。

投資時，專業操盤手至少會用接下來將介紹的這八種戰略來組合搭配，布局作戰。

對此，你敢斷言自己的投資戰略數量，會比其他投資人要來得多嗎？

可選擇的戰略數量如果太少，會產生怎樣的結果呢？你的破綻必定被一一攻破。

相反的，選項要是夠多，就能看出對方的破綻。此外，只要了解自身破綻，即可妥善防禦。

就像推理小說一樣，若是不懂戰略，連戰況的發展都不知從何想像起。

你目前掌握了多少種戰略呢？

■不懂作戰方法，就談不上實踐

股票成功者特別重視戰略的順序。

決策做得快，是因為一開始就決定好戰略的運用順序。

反觀業餘的投資人，一直到做出決定前都沒有優先順序，因此總是出手太晚；又或者是在出現意料之外的發展時，一直下壞棋，慌慌張張地停損。

平常對戰略的觀看態度及過程，將會具現為行動的速度。

職業操盤手都有一套戰略組合，扭轉對自己不利的狀況。就算一開始失敗，最後也能逆轉勝。這就是專業人士真正的作戰方法。

不懂作戰方法，就無法付諸實踐。一無所知，面對未來也只能焦慮不安。

以下將介紹的戰略，大致可分為八種。

這些戰略各有其攻守方面的優缺點，因此組合與平衡特別重要。

不需要現在就立刻實踐。但是，至少在最初起跑的階段，必須了解這些戰略。

股票高手都是透過這些組合來向你挑戰，你必須勇敢迎擊。否則，就會淪為只懂得騎兵戰法的武田軍，市場將不再有你置喙的餘地。

未來是無法百分之百正確預測的，就連專業人士也猜不出後續漲跌。

更重要的是無論未來發展走向，都要懂得配合市場的波動。親身體會「無論往哪個方向波動，都能順勢因應」的基本戰略操作。

具體來說，即是配合線圖，活用八種戰略，思考該在何時買賣，以及評估自己可以承受到什麼地步，要從哪裡進攻。

透過線圖審視以上要點，再對照自己的資金能力與投資目的，做出整體判斷。

圖 12　神速投資術的八種戰略

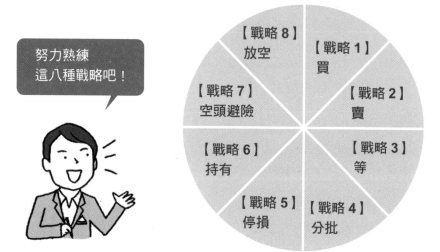

買——注意買入後的事後調整

連戰連勝，並沒有什麼意義。

如果有人跟你炫耀連續獲勝，不妨問問他：「那你總共賺了多少錢？」

一味追求連勝，就容易「見樹不見林」，反而容易投資不順。

專業人士只看本質。

從事 3 個月、6 個月交易或中期投資的人，會根據一年當中一定期間的買賣，檢視自己的運用資金增減狀況，藉此判斷投資情況順利與否。他們會思考一定期間內的資產增減。

反之，業餘人士會聚焦於短期——甚至是僅僅一兩天內——的勝負，局限於非常狹小的範圍。

這樣的投資人應該要更加理解一項殘酷的現實，那就是「專業人士也會猜測錯誤」。

坦白說，對市場採取戰鬥模式的時候，專業投資人的命中率約在四成左右。當然，我也不例外。

切記，進行短期預測時，連股票達人也猜不中。

當投資人果敢買進，勇於挑戰勝負時，交易速度勢必會加快。既然進攻的部位增加，產生些微誤差也是無可厚非。

況且，投資勢必會與「欲望」及「個人看法」相互牽繫。

即便是擁有技術、擅長控制情緒的專業人士，也難免如此。

■買入之後的操作最重要

不過，以長遠的眼光來看，專業投資人還是勝過業餘投資人。說得更正確些，即便一開始是輸的，在中長期投資中，整體而言還是會贏。

因為他們在買下個股之後，會在適當時機進行戰略調整。也就是說，他們很重視「事後處理」。這就是為什麼專業投資人即便一開始落於下風，最終還是能夠取勝。

聽到有人推薦就傻傻地「買」；光憑網路消息就「買」；光看《四季報》分析就「買」；看到證券公司傳來的訊息就「買」……這些行為當然都沒問題。

但更重要的是，預測失準的時候該怎麼辦？

要彌補失誤，端看你如何配合線圖的走勢。

也就是說，一切只能靠戰略組合。

戰略 2 賣──多加留意賣出時機

來自投資人的提問中，經常可見「賣股好難」的心聲。

理由不外乎兩者：「說不定股價還會再漲」「很喜歡這檔股票，捨不得賣」。

但是，在此處絆倒的話，就無法繼續前進。

我所能提供的建議即是：至少要衝出起跑點，在成為獨當一面的投資人之前，趁早賣掉。這麼做，能更快增加經驗，也比較容易找出重現性。

一旦來到「小贏的投資者」階段，無須勉強，也能夠逐步確立自己的投資戰略。每個人都是如此。

不妨到時候再決定要長期持股增加獲利，抑或是加快資金的周轉率。

■ 思考「分配獲利」

如果老是以最高點為目標，很可能永遠賣不掉。

我對公司年輕員工的一貫態度是，只要他們願意，我就會不吝於教導股票投資。

教學過程中我意外發現，許多人的煩惱是即便我建議他們「賣掉比較好」，仍然遲遲賣不出手。就算是每天跟在我身邊聽取建議的員工，

也會因為賣不掉而煩惱。如果是孤軍奮戰、自學投資的人，想必更是如此。

如果要給這樣的人一條建議，我會請他們思考「**把獲利分給他人**」。

投資股票肯定有人贏有人輸。如果自己獨占獲利，那麼在陰影處受苦的，就會是許多慘遭斷頭的投資人。

我並不是要求你可憐他們、同情他們。但如果你想要稍微早一點賣掉，那麼不妨思考：「賣出」行為也包含了「減輕其他投資人痛苦」的意義。

這麼一想，對「賣出」的抗拒感應該會少一點。

特別是起跑衝刺的階段，切記別太貪心，在自己能夠掌握的時機賣掉即可。

比起周遭的情報，自己的時機更為重要。

這樣才能直接感受市場的行情。

「買」「賣」的經驗，決定成長的速度。

若想成為快速成長的投資人，最終還是得透過行動，實際感受自己的成長，這才是最快的道路。

要是因「賣股」而遭遇損失的話，不妨就大口大口地吸收這些經驗與能量吧。

戰略 3 等──提高勝率的冷靜攻防

有一句話說「休息也是一種行情」。翻閱股票書籍，經常發現類似的概念。

不過，我並不喜歡「休息」這種說法。

我的本業是經營公關公司，主要為上市企業撰寫商業廣告中的各種文案，因此我對用詞上的些微差異及表現都非常計較。

要我來說的話，我會用「等」這個詞。

獵豹一旦發現獵物，便會在草叢裡壓低身子，等待時機。時間長的時候，甚至可能徹夜等待，直到隔天。

這就是弱肉強食的世界裡的「等待」真諦。

並非休息，而是「等待」。

■動來動去，就一定會輸

在茶道或是武術的世界裡，「由靜而動的一連串動作」可說是最為重要。

劍道則因流派而異，互相敬禮後，眼睛就不會離開對手。因為一旦稍有懈怠，就可能遭對方斬劈。

然而，大多數投資人都以為「休息」即是不顧價格變動，單純地離

開市場。也就是暫時拋開行情，徹底放鬆下來、穩定心情。「休息」這個詞彙給人的印象就是如此，就像是專注與鬆懈狀態的「切換開關」。

因此我會使用「等」這個詞。

當部位少，又或者部位為零的時候，正是手上資金豐厚的時候，也是尋找下次機會的重要時間。某種意義上，此時必須比持有部位的時候，更加認真看線圖。

從「等」開始，縮小範圍，找出自己喜歡的時機。

就算是每天進行買賣的當沖族，如果常常變動部位，也一定會輸。

絕對不可以動來動去。

為了提高勝率，要冷靜地攻防，伺機而動——這就是「等」的真諦。

一邊降低精神負擔，一邊平靜地觀察行情，為自己設定能夠演練具體對策的時間。這一切都是「等」的戰略。

戰略 4 分批──將買賣的時間點分為數次

買股票的時候，不要在同一個時間點全力買入，而是將進場時機分成好幾次──這樣的方法，就稱為「分批」。

剛起步不久的投資人，一旦得知新聞或財經雜誌上推薦的個股，或是知名部落客報明牌，就會產生躍躍欲試的心情。

我也有過這種經驗，因此非常能夠理解這樣的情緒。剛開始投資股票的時候，是無法控制自己的。

與其說「無法控制」，不如說「無法察覺控制自己的重要性」。

這個階段的行為，都出自於「想要控制市場」這種外放的情緒。

還沒完全開始起跑的投資人，尚未處於自立的狀態。這種時候，想必很難控制感情用事的衝動。

某種意義上，這也是莫可奈何的事情。

這些投資人太急於賺錢，買入之後，就算線圖往下走，也沒有因應對策。

就算是專業人士，也不可能完全預測線圖動向。

如果事前已備妥因應的戰略，一開始就會把資金分散開來。也就是說，最初就先預設好下跌的風險，將資金分割，分成好幾批買入股票。

125

特別是剛開始起跑的投資人，請務必熟練的這項戰略。

■分批的基本策略：讓「猜不中」變得「比較容易猜中」

各位聽過「散彈槍」嗎？

這是美國電影《魔鬼終結者》當中，飾演主角的阿諾·史瓦辛格經常使用的槍械。

之所以被稱為散彈槍，是因為發射的同時，會迸出多發子彈，大範圍地分散飛射。

一般來說，普通手槍的子彈不會這樣分散，所以射擊時一定得停下身子，確實瞄準目標，否則無法命中標的。在新聞之類的影片裡出現的美國警察，一定也是站穩雙腿，以雙手射擊。

就像動作片一樣，不好好拿穩槍械，只用單手持槍，還跑來跑去射擊的話，不可能打倒對方。

但另一方面，散彈槍不同於一般手槍。電影《魔鬼終結者》中，主角總是用散彈槍掃射，完全不會把槍扶好。

這是因為散彈槍的構造不同，其設計原理是以「子彈會打不中」的可能性為前提。

未經訓練的外行人，很難準確地擊中目標。既然如此，如果一開始就力求讓子彈呈一直線飛出，是很沒有效率的方式。不如讓子彈往大範圍飛散，這樣一來，任何人都會比較容易打中——散彈槍的原理，其實與股票的「分批」有著異曲同工之妙。

圖 **13** 即為此概念的示意圖。

圖 13　分批買賣就像散彈槍

一開始就預設不可能準確命中，故將子彈（買股）分散。這樣一來，外行人也比較容易打中。

■學會承受勝利前的失敗

對於有志成為投資贏家的人來說，「分批」是非常關鍵的戰略。大部分的專業操盤手都是以「分批」為依據，組合出獨門的投資手法。

不過，請務必留意一項重要的前提：所謂分批，並不只是單純分開買賣的時機而已。

使用這項手法時，最重要的是能否接受「在獲得最終勝利前，很可能暫時賠 20％」的情況。

關鍵在於能否看清這些失敗都只是過程，最後仍會以獲利收尾。

展開新事業的時候，至少在剛開始幾個月都會出現赤字。運氣好的話，或許第一個月就是黑字，但這是非常少見的情況。

那麼，該怎麼辦呢？

必須事先設定好「最多可以承受多大的赤字」，然後忍耐數個月，慢慢等來黑字。

如果累積的赤字數量超過預期，就要果斷撤退。

股票投資也一樣。必須要準備一套戰略性劇本，預設自己可以忍受的程度，也就是在時間軸上，可以撐到何時，迎接最後勝利。

還有一件更重要的事。

大多數投資達人解說「分批」時，都是以「搭上行情波段」為主要目的。但除此之外，分批也具有以下意義：

（1）配合價格波動，有節奏的分批
（2）配合風險管理，有毅力的分批

「（1）配合價格波動的分批」固然重要，但我認為「（2）有毅力的風險管理分批」更加關鍵。

一次整批買入的話，萬一預測失準，風險就很大，也無法隨時間累積機會。

對於時間的流逝，不應以「點」的方式思考，而應該以「線」的方式想像。這麼一想，分批就像是以扇形方式向外擴散的線。

半年後，市場可能會大幅變動，也有可能產生新的機會。

分批，即是讓未來選擇的機會得以增加。

■迷惘不會消失，而是分散

我再說一次，好的戰略，必須要能夠擴大你的選擇。

面對未來，手上握有的選項越多，行動範圍也就越寬闊。

越聰明的經營者，在展開新事業時，越懂得透過小型營運或是試營運的方式反覆驗證。累積經驗之後，若有機會獲勝，才會大量投入資金與人力。

當然，世上也存在著轟轟烈烈地一次定生死、一舉拿下豐碩戰果的成功者。電視上介紹的企業家，看似都擁有這樣的經歷。

可是實際上，這樣的企業家極其少見。

這種投資方法太具賭博性，斷頭的機率相當高。

另一方面，聰明的經營者都知道，一位成功者的背後有九十九位失敗者。

股票投資也一樣。在線圖上透過分散購買的方式，在分散風險的同時，也充滿毅力與耐心地扎實取勝。

此外，分批進行，會讓你在心理上較為寬裕，從而開始明白，面對線圖的走勢，該如何控制自己的行動與情感。

迷惘絕對不可能消失殆盡，因為迷惘得靠「分散」的方式逐漸稀釋。

這就是本書所介紹的「分批買賣」基本概念。

當然，一旦劇本走偏，就要停損。

■我的分批投資實踐法

最後，就用圖 **14** 的玻璃與太陽能電池公司──日本板哨子（5202）來介紹我的實踐方法吧。

如圖所示，低點是 800 日圓，高點是 1000 日圓，在兩個價格之間形成了箱型行情。

就像這樣，在一定期間內規律地反覆上下變動的個股，我稱為「波動線圖」。第 141 頁將會詳細說明波動線圖，此處暫且不提。

線圖會即時反映股價波動。

光看這張圖，就能發現第一個紅色標誌「▲買點 **1**」的 850 日圓，看起來是個很好的機會。

如果股價就這樣持續上漲，恐怕會錯失良機。考慮到這一點，投資人應該都會在此大量下單買入。

不過，如果在這裡投入全部資金，一旦再次下跌的話就無法因應了。因此我建議分割資金。實際上，日本板哨子後來又跌到 800 日圓，因此我在「▲買點 **2**」的地方又買了第二批。接著在漲到 1000 日圓的☆的地方，一口氣全部賣掉，獲利了結。

順便一提，分批買賣的具體投資法，在我的前一本著作《日本最強

圖 14　日本板哨子（5202）

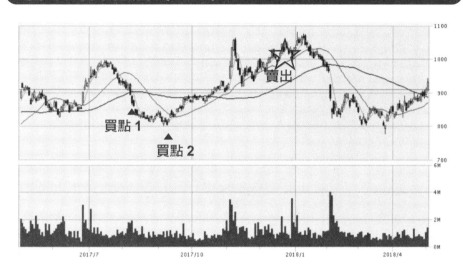

散戶贏家教你低買高賣的波段操盤術》中也有詳細介紹。搭配本書一併閱讀，相信可以更有系統地加深理解。

分批投資實踐法：使用多家證券公司

接下來要介紹我個人的做法，不確定能否適用於每一個人。不過，如果擁有一定程度的資金能力，又想積極採用分批買賣手法的話，這是相當有效的方法──**分別使用不同證券公司來操作**。

各別使用不同的證券帳戶，分開購買，即可分別因應、處理各自變動。「分批買進」是將購買個股的時機分開，使平均價格對自己更為有

圖 15　將波動線圖分開來買賣

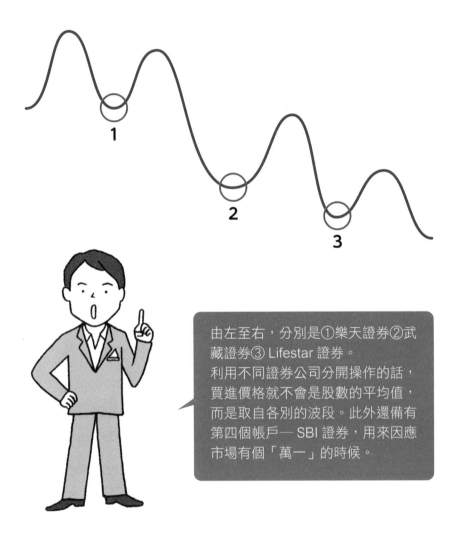

由左至右，分別是①樂天證券②武藏證券③ Lifestar 證券。
利用不同證券公司分開操作的話，買進價格就不會是股數的平均值，而是取自各別的波段。此外還備有第四個帳戶— SBI 證券，用來因應市場有個「萬一」的時候。

利。然而，用同一個證券戶分批布局的話，買進的平均價格就會變成購入的股價 × 股數之平均值。

但是，如果證券戶本身就是分開的，只要投資股票現貨（註：指現金買賣的股票，非融資亦非股票期貨）即可分割同一檔個股。我自己的情況是分成四個帳戶，每次下跌的時候就分批買入，逐步布局。如此一來，便能分別把不同線圖的波動，用不同的證券帳號分開買入。

這個方法雖然有優點，但也有缺點，那就是需要有一定程度的資金能力，以及管理起來比較費事。

因此，建議中級以上的投資人參考。

戰略 5 停損──戰略失準的因應方法

當戰略成立的先決條件已不復存在，就要果斷撤退。

暫時撤退，站穩腳步。這就稱為「停損」。

以我的投資情況為例，停損約占整體的三成。

聽到三成，很多人都會驚訝不已。有些人會笑我：「你也太任性了。」有人甚至會懷疑：「怎麼可能停損占三成，你一定有所隱瞞。」

但另一方面，專業的操盤手就不一樣了。聽見我的投資手法，他們眼中會綻放光芒：「哦？你的方法很獨特呢！」

比起拿別人的投資方法充當規則，我更著重於採取新的有效手法，提升自我。

也就是說，專業投資人都知道，股票投資並沒有正確答案。

停損五成的也大有人在；就算停損占九成也無妨。

這些都無所謂，因為全都是正確答案。

我希望每一位閱讀本書的朋友，最終都能以「確立自己的交易手法」為目標。一味模仿別人，就算暫時贏了，勝利也不可能長久存續。

■大多數投資人都喜歡停損

且讓我提出一個問題：投資人究竟是從何時開始喜歡談論停損呢？

　　如果只是單純的股價下跌，我個人並不會停損。我認為更重要的停損時機，是買入時的根據或前提已然崩垮之時。

　　然而，大多數投資人很熱愛談論停損的話題。

　　當我受邀擔任研習會來賓時也是如此。散戶的提問當中，除了推薦的個股之外，最常見的問題就是停損相關疑惑。

　　投資人應該先把這項事實謹記於心：不知從何時開始，「停損為佳，持有為惡」已成了市場上的多數派意見。很少進行停損的我，總是被當成沒有常識的少數派。但你也可以換個角度思考：「股票投資經常對多數派不利，而對少數派有利。」

■停損也有各種模式

　　當然，停損是很重要的。

　　我無意倡導「停損無用論」這種過度偏激的論調。畢竟，我也是十次裡面會行使三次停損。

　　感覺上，我個人目前使用的交易手法──用心「抓低點」，就已經很夠用了。

　　不過，身為一位經營者，我對「停損」的意見或定義，可能跟大家有點不太一樣。

　　要錄用一個人，需要花費大把的時間跟金錢，歷經多次面試，耗費許多時間與心力，才能錄取一位應屆畢業生為新員工。

　　當然，如果員工只是工作熱情低落，或是學習效率稍微差一點，我

也不會馬上裁員。身為老闆，既然已經錄用了員工，就不會隨便停損。

那麼，什麼時候才會勸員工離職呢？那就是他們明顯違反紀律，或是與本公司的文化不合，雙方都很痛苦的時候。

總之，就是當初雇用的前提與條件完全消失的時候。

在雇用條件被推翻前的一定期間內（轉職員工約為半年，應屆新鮮人有時長達一年以上），這些員工都屬於觀察名單。

而我並不會因此而焦慮或是心情鬱悶。靠投資賺取獲利，在起步階本來就很花時間。

我想，並不是只有我才有這種體會。

身為社會人士，從事與人相關的工作時，大家都會有這種感受。

當然，人才培訓與股票投資不同。但共通點都是在決策成立的前提尚未被推翻的情況下，冷靜地忍耐。若以更多元的角度來看，這也有助於擴展行動上的選擇。

戰略 6 持有——運用排列組合迎戰市場

下跌趨勢的因應方法有三種：分批、停損、持有。

誠如我多次說過的，一旦固執認定「持有」肯定不好，將會使行動選擇變得狹隘。

我的意思並不是「應該盡量持股」。我想說的是，這種「應該／不應該」的二元論，只會窄化你的視野。

把所有戰略攤開來放在桌上檢視，然後將這些劇本模擬推演一番，這才是最重要的事。在投資方法上，觀點越多元，越能看出其他只有單一觀點的投資人破綻。

投資時，並不存在最重要的「某一種」方法。

把一切攤開來並列比較，更重要。

相互對照後，再配合狀況活用，這才是將戰果發揮到最大的祕訣，因此，我建議使用搭配組合的方式。

圖 16 下跌時的因應方法

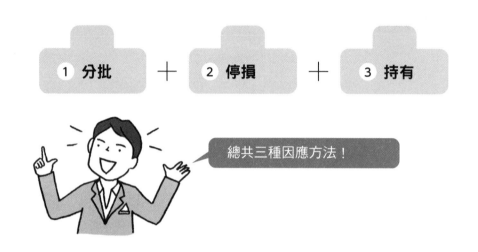

① 分批 ＋ ② 停損 ＋ ③ 持有

總共三種因應方法！

■停損至上主義

然而，大多數投資人完全不採用以上看法，只會一直談論停損。如果詢問對方：「為什麼不嘗試分批或持有呢？」他就會回答：「因為會被套牢。」（這也有可能是在書上或研討會上學到的說法）。

但是，如果只知道停損，從一開始就預測趨勢，把持股時間劃分出來後就此擺著——這樣的投資人反而缺乏選擇，資金很快就會融解消失。

此外也別忘了，正因為還擁有「持股」這步棋可以下，才能夠再次確認原先停損點的有效性。

與羅馬軍對戰的迦太基名將漢尼拔是如此；攻下義大利的拿破崙，在翻越阿爾卑斯山時亦是如此。

戰場上，常保寬廣視野與選擇彈性的將軍，才能贏得勝利。千萬別犯下與武田軍同樣的錯誤──局限自己的選擇。

只是，如果選擇「持股」，必須注意一件事：採取持股戰略時，得在實際的預測中一併考慮「時間」因素。不單是預設「上漲兩成」，更要設下「3 個月以內上漲兩成」這類期限。

一旦少了時間因素，要達成「上漲兩成」有可能得花費 2 年以上的時間。對於時間長短的解釋，也會因投資人的投資目的而有所不同。

假如預期不會再上漲，或者是考慮到資金的周轉率，就必須停損。

戰略 7 空頭避險——透過抑制風險的放空方式獲利

以下要介紹一種攻守平衡，且操作上更為機動性的戰略——「空頭避險」。簡單來說，就是用「放空」布局的方式，替投資加一道保險。

下跌跟上漲是一體兩面。

向光植物傾向光源，向陰植物喜好陰暗，這是一種生命法則。

沒有任何一方能夠始終強盛、永久繁榮。

對生物來說，太陽當然很重要，但是如果缺乏遮蔽物，幾乎所有生物都無法生存。

同樣的，參與市場的人也都是以欲望推動價格，因此只要順應自然的法則即可。

認為可以用科學方式因應股市，這種想法本身就很奇怪。

■空頭避險的基本目的：為下跌保險

「空頭避險」是針對下跌採取因應對策，也是巧妙配合狀況來產生獲利的手法。「分批買賣的空頭避險」更能進一步將「空頭避險」手法升級為投資技術。

空頭避險的基本目的是保險。如果一百次裡會有一次失準的可能，就必須預設那一次失敗，擬定計畫。

目前大型噴射機的引擎裝置，都是在預設到「不該停止的引擎或許會因為某種問題而停止」的前提下設計而成；針對慢性疾病所設計的保險也是如此。

就像這樣，**把可能會發生的下跌風險，透過做空的方式加以彌補。這就是「空頭避險」。**

當然，不單純只是保險，如果懂得巧妙運用，也能夠因此增加獲利。

■把「波動線圖」運用於空頭避險的交易

下頁**圖 17** 是鋼鐵製造商新日鐵住金（5401）的線圖。

新日鐵住金曾經有過在一定期間內反覆上上下下的箱型行情。像這種在高點跟低點之間有規律地反覆來來去去的線圖，稱為「**波動線圖**」。

也許你會感到意外，但是在股票行情的世界裡，經常出現這種規律的波動線圖。

圖 17　新日鐵住金（5401）

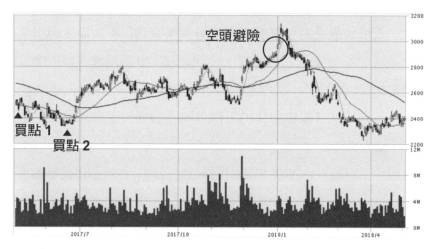

※ 以 2400 日圓為低點，在數年的時間內反覆來回的箱型行情

實際上，仔細觀察 10 年線圖或 5 年線圖，會發現這種波動出現的比例相當高。

下頁**圖 18**是另一檔股票──被動電子元件製造商日本佳美工（6997）的線圖。圖中顯示在同一個價格區間內來來去去的動向，是否相當驚人？

簡直就像是在高點跟低點之間手持接力棒，來回奔跑的接力賽跑者。

把這張圖貼在黑板上，詢問完全不懂股市的小學生：「你覺得哪些地方可以看出鋸齒般的變動呢？」幾乎所有學生都會畫在同一個位置。

畫不出來的，只有受困於既定觀念，因而無法相信會有這種變動存在的大人。

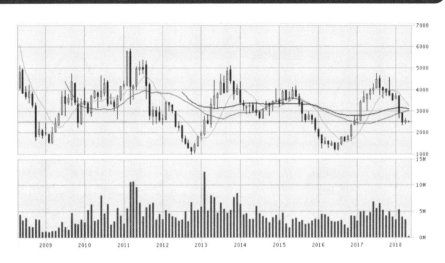

圖 18　日本佳美工（6997）

運用這種變動，在波動的低點好好買進，藉此獲利，即是「**看線圖買在低點**」投資術。我光靠這個手法就成功累積上億資產。

詳細的交易手法，已經寫在我的著作《日本最強散戶贏家教你低買高賣的波段操盤術》，本書就不再贅述。**這套利用波段低點分批買入的方法，是風險最低的技術，很適合經驗尚淺的初中級投資人學習。**

只要累積經驗，光靠這個方法，就有可能像我一樣成為億萬富翁。

當然，我的成功經驗並不保證百分之百適合你。不過**重要的是，盡可能透過簡單的方法打造基礎，然後調整出屬於自己的做法。**

請由此開始找出自己的致勝模式，確立屬於自己的交易手法。

圖 19　看線圖買在低點的意義

> 相同線圖的出現，可以提高
> 重現性。在低點仔細地分批
> 買入，也能大幅降低風險。

如此一來，就能逐步成為自立自強的投資人。

整體來看，看線圖買賣的好處有以下三點：

（1）具有規律性，因此初學者也容易找出「重現性」

（2）因為著重於「抓低點」，所以進一步下跌的風險較低

（3）搭配分批買進低點，風險本身又能更加分散

■空頭避險降低心理負擔

加深了對波動的理解之後，再度把話題拉回新日鐵住金的線圖吧。以波動線圖的情況來看，隨著價格接近波段的低點，不妨開始下單買入。

這個時候，可以用之前介紹過的分批方式下單，藉以分散風險。

一旦分散了下跌的風險，分批買入的手法將益發強韌，更能借助時間的幫忙，使你更容易取勝。之後，當股價開始上漲，就在自己設定的時機脫手。目前為止，這是一般的分批買賣戰略。

但另一方面，此時尚未獲利了結，所以也要預設「當波段開始下跌，就做空布局」，這就叫做「空頭避險」的戰略。

以下來看看具體案例吧。

下頁圖 20 同樣是新日鐵住金的線圖，這次不是獲利了結的賣出，而是做空的「避險」賣出。

在圖 20 ▲的地方買入；○的地方進行避險的賣空。如此一來，下跌趨勢也能增加獲利。

並且，透過同時進行做多與做空來布局「避險」，最壞的情況不外乎是多空雙方同時了結（買入與避險的賣空同時交割），依然能在維持獲利的狀態下讓持有股數歸零。

也就是說，在我們確定進行空頭避險的時間點上，就已確保了上漲到這個價格時價差獲利，這一點不會改變。

透過避險，使心理負擔歸零，猜不透漲跌的精神壓力也會消失。

順道說一下，以我個人而言，只要線圖急速成長，將來可能下跌，

圖 20　新日鐵住金（5401）

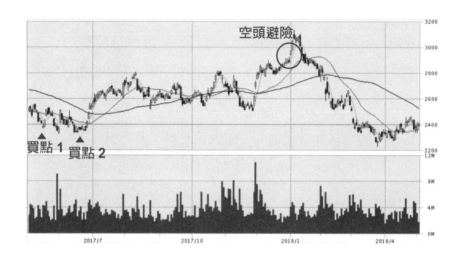

就會執行這項戰略。

　　空頭避險的好處可整理為以下兩點：

（1）心理負擔較輕

（2）透過抑制風險的放空方式，下跌時也可以獲利

　　為了讓初中級投資人更容易理解，以下就來逐一說明吧。

圖 21　空頭避險的狀況圖

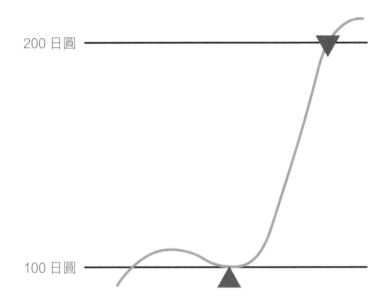

200 日圓

100 日圓

用 100 日圓買入，來到 200 日圓時以做空方式避險。如此一來，就等於上漲部分的價差 100 日圓獲利已經確保不變。

（1）心理負擔較輕

如果只靠做多交易，那麼隨著行情上漲，不知何時下跌的心理負擔便隨之增加。同時，害怕少賺的恐懼也會造成很大的精神負擔。

尤其透過分批買入方式大幅增加買入量時，更是如此。

這時候，只要趁大幅上漲時時機進行「避險（放空）」，就能減輕心理上的負擔。

圖 **22** 是日本郵船（9101）的線圖。

圖22　日本郵船（9101）

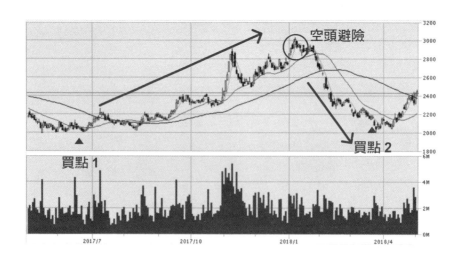

　　當時，我在**買點 1 ▲**的 2000 日圓低點買入一筆，讓手上增加一枚「子彈」。

　　同時，我也做好了準備，之後若再下跌，就分批布局。結果股價卻急速漲到 3000 日圓。**圖 22** 的 1 年線圖雖然看不出來，但是日本郵船在這之後發生了很大的轉折，股價達到 3600 日圓。

　　雖然已有預期會漲到這個地步，所以已事先在底部做好布局，但是面對如此劇烈的漲勢，反作用力也會變大。

　　波動線圖具有「漲到一定程度後，就會規律性下跌」的傾向。

　　因此不妨在〇記號的地方，進行一次放空來「避險」，為將來的下跌加設保險。

　　之後，就像解除了先前的急遽漲勢似的，線圖呈現下跌。

　　當股價跌到 2100 日圓時，就將做空部分的股票回補，同時獲利了結（這是第二個**買點▲**）。這樣一來，手上的「子彈」又增加到兩個（**買點 1** 與**買點 2**）。

　　我從一開始就預測股價會來到 3600 日圓的高價區間，因此在保持進攻姿態不變的情況下，透過空頭避險的方式，撐過了下跌趨勢。並且在接下來的高點 3600 日圓時，將手上兩發「子彈」都射出（賣掉），頭尾都能獲利。

（2）抑制風險的賣空，也能幫你在下跌時獲利

　　空頭避險的最大好處，就是透過交叉交易的方式抑制風險。

假如放空之後走勢下跌，就透過回補已放空的股票，取得這部分的獲利。

相反的，就算股價沒有跌，只要最初是從買進開始交易，那麼直到股價抵達放空避險的價格為止，都處於確保獲利的狀態。

我會將這種情形形容為「**用避險了結**」。

現在用前面介紹過的**圖 22** 日本郵船再說明一次。在此狀況下，我在 3000 日圓附近進行了一次空頭避險。此時，第一筆買入的 2000 日圓到 3000 日圓之間的 1000 日圓獲利，已經實現了。

之後只要線圖不往下走，即可靠著「同時清除『買入』與『避險』這兩發子彈（交叉交易）」的方式，確實賺進 1000 日圓的獲利。

■我的空頭避險實踐法

接下來介紹我的實踐方法。我不太喜歡複雜的做法，比起放空，我比較適合鎖定創下新低的個股。

這樣的我，在進行空頭避險戰略模式時，主要會使用以下兩種策略：

（1）分成兩批的話，賣掉一半，放空一半
（2）分成三批的話，賣掉第一筆，再新增一筆做空

讓我來逐一說明吧。

（1）分成兩批的話，賣掉一半，放空一半

當上漲趨勢的線圖出現轉折點，或是行情不知會往哪邊走的時候，這是很有效的模式。在這個狀態下，兩批交易中有一半可以實現獲利。並且，當來到線圖的轉折點，或是預測將出現對抗上漲的反作用力時，就果斷做空。

此時，手上的部位會是一筆做多交易，以及一筆放空交易。

我會把這樣的狀態，用〔 1 ＋　 －1 〕的方式記錄在電腦上。

＋就是買，－就是賣出避險。

這樣標註，一眼就可以看出兩者互相抵銷變成零，也就是相等的狀態。維持這種狀態的話，無論漲跌，獲利都不會產生任何增減。

一旦下跌，就清掉那筆放空交易，把之前做空的部分補回來。

正因為是避險性質的放空，只要在下跌時回補，即可將跌幅都換成獲利。

在這個時間點上，手上又變成兩筆做多的交易（ 2 ＋ ），回歸最初狀態。

至於要在哪裡將空單回補，端看每一檔個股的線圖動向。

簡單來說，波動線圖就是鋸齒形的上下變動。靈活運用空頭避險，就能在零風險的狀態下挺過下跌趨勢，同時賺進多空雙方的獲利。

此外，若碰上急速高漲的情況，多單與空單可以兩者同時放手賣出，這麼做可以獲得「避險了結」後的獲利。以我個人的經驗來說，我很少執行「繼續做空」（在上漲局面增加避險空單）。

■避險實踐篇① 三菱重工業

圖 **23** 是三菱重工業（7011）的線圖。這檔個股可說是波動線圖的代表個股，相較於其他波動型個股，此圖的特徵是上下波動非常細密。

這張圖中，我將波動的低點分成「**買點 1 ▲**」「**買點 2 ▲**」兩批，分別買入。

在這個時間點上，手頭上的部位是〔2＋ －0〕（我通常不會記錄「0」。但是為了便於讀者理解，此處還是記錄）。

接著在轉折點〇記號的地方，賣掉一筆，加入一筆空單。

圖 23 三菱重工業（7011）

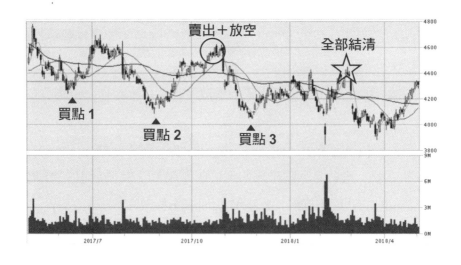

這時手上持有的部位就變成〔1＋　－1〕。

這樣一來，等到趨勢出現轉折，可以減輕心理負擔，同時更能在下跌趨勢中獲利。

之後，當線圖再次往下走，就在第三個「買點 3 ▲」的地方把做空的部位回補，獲利了結。手上持有的部位又回到〔2＋　－0〕的原樣。

接下來，接近高點的轉折時，在「☆」的地方把這兩筆一併賣出，全部結清。

（2）分成三批的話，買掉第一筆，再新增一筆做空

空頭避險的第二個戰略，就是在預測中長期上漲趨勢的同時，對 6 個月到 1 年內可能頻繁出現的規律式下跌保持警戒，是一種十分有效的模式。

進行此戰略時，必須秉持一個重要觀點：因為已經賣出一筆了，所以不存在「賣了就虧到」的問題。

太多人因為無法決定何時賣出而煩惱不已。這種時候，只要秉持「這不是賣掉，而是用避險方式調整手上部位」的認知，自然就比較容易獲利了結。

此時，部位從〔3＋　－0〕變成了〔2＋　－1〕，並非先前的相互抵消狀態。

如果持續上漲，也能同時賣出兩者，藉此賺進可觀獲利。

相反的，如果之後開始規律地下跌，即可放掉空單，也就是透過回

補方式，將跌幅化為獲利。

此外，手上的部位再度回到〔＋３　－０〕，所以下次只要再度搭上上漲趨勢，便能進一步增加獲利。如果預測規律性下跌會頻繁出現，只要在高點的轉折處再度做空即可。

■ 避險實踐篇② Pioneer

圖**24** 是 Pioneer（6773）的線圖。

在波段的底部分三批購買，在○的記號處賣掉一筆，獲利了結，同時放空避險。

此時，手上的部位從〔3＋　－0〕變成了〔2＋　－1〕。

接著，在下跌的時候，補回空單獲利了結（▲買點4）。

結果卻預測錯誤，線圖再度往上急升。因此，在第二個○的記號處再度避險做空。

此外，更在下跌時回補（▲買點5），下一次上漲時又再度放空。這個時候，經歷了一開始的一次來回操作、後續的兩次來回操作，以及最後的兩次來回操作，總計五次的來回交易，此時已確實地獲利。相較於單純做多，這種方式的心理負擔不僅較少，下跌時也不必袖手旁觀，更能靠趨勢賺取獲利。

除此之外，還有其他各種不同的搭配組合。

「最有利」的方式並不存在，端看哪一種方式比較適合你的個性和交易手法。此外，千萬別忘了，「空頭避險」的目的在於「保險」。

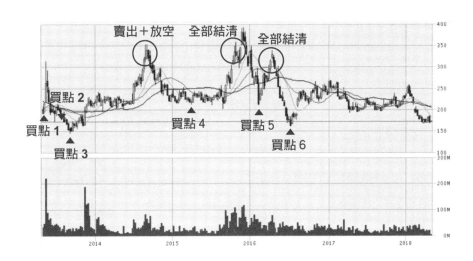

圖 24　Pioneer（6773）

空單增加得越多，就越接近接下來要介紹的「放空」。

如果避險做得比多單還多，一旦預測失準，那麼不用我多說，上漲時的虧損將會超乎想像。

放空——機動戰略的最高巔峰

八種戰略的最後一種即為「**放空**」。也就是純粹靠「賣出」賺錢的方法。

股價線圖會上上下下地反覆變動，若能機動性地運用漲跌兩個局面賺取獲利，投資機會也會增加為兩倍。

整體來看，具體的放空優點如以下三項：

（1）下跌趨勢也能賺錢

（2）投資機會增加為兩倍

（3）由於下跌的變動比上漲快兩倍，若能掌握急跌走勢，短期內就
　　　能賺取獲利

漲跌發生的機率幾乎一樣。而且，由於恐懼心理與拋售行為，一旦開始下跌，線圖的變動會比預想的還快。

因此，有人認為放空是比較有效率的做法。

但另一方面，要是猜錯，損失就會越滾越大。

先不提猜對或猜錯，某種程度上，改用基本面（以企業的財務狀況或業績為基礎，進行分析）的數據來判斷，確實可以預測出低點。然而，誰也無法預測高點的極限。

正因如此，就像某一段時期的 IT 股或生技股一樣，有些個股只因為期待值高而提前漲了十倍、二十倍。

面對這樣的個股，如果用半吊子的心態做空，就會面臨一再追繳的風險，甚至可能瞬間失去所有資產。

放空的缺點就在於，預測走向與風險管理的能力，都必須達到一定程度的熟練。沒做好準備，就會是風險極高的手法。

■ SAR 是機動戰略的最高巔峰

把買來的個股一次賣掉，然後轉而放空這檔股票，靠下跌趨勢取勝。這種宛如反手操作、多空都賺的方式，就稱為「SAR 指標」（註：Stop And Reverse，又稱為拋物線指標、停損轉向操作點指標。操作基準為：當股價向下跌破指標便賣出，向上突破則買進。在大盤及每檔個股技術分析線圖中皆可顯示此指標）。

SAR 是機動戰略中的最高巔峰。

然而，因人而異，這套手法加諸於投資人的精神壓力也相對較高。

如同下頁**圖 25** 的模擬操作所示，在低點買入，在高點賣出，接著反向操作，到低點時再度回補。

這套手法當然可能實踐，一旦成功，獲利將會是單純做多的兩倍。

這也是理所當然的，畢竟來回交易之下，兩邊行情都都能納入口袋。但是，能否成功實踐，就得看投資人的本事了。

也就是說，這套手法需要一定程度的熟練度、準確度。

圖 25 「SAR 指標」操作示意圖

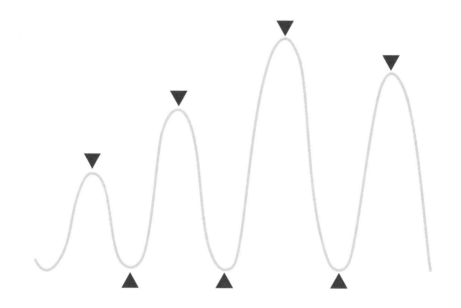

同時抓高點與低點、雙向取
勝的手法，理論上是可行的。
但是需要高度的技術與時
機，也必須持續承受精神壓
力與不安，在市場上並不太
實用。

■我的放空實踐法

接下來，我將介紹自己的放空方法。

執行放空的時候，大都是以剛才介紹過的「避險」為基礎。

布局空頭避險後，自然會有適合市場的時機，或是感覺自身操作逐漸與走勢圖相互疊合的時候。這時不妨根據「SAR 指標」，布局反向操作的放空戰略。

具體來說，只有在實現多頭獲利的同時布局空頭避險，多空比例才會持平。因此，這次就看準下跌趨勢來進行機動性策略，形成純粹的放空，也就是把多頭部位全部放掉的反向操作。

來看看具體案例吧。圖 26 是曙煞車器工業（7238）的線圖走勢。此時我以 350 日圓買下第一筆，然後在 330 日圓買下第二筆，進行兩次的

圖 26　曙煞車器工業（7238）

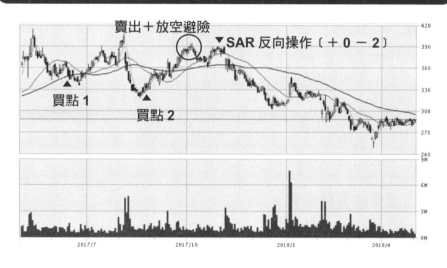

分批交易。

之後，股價再漲到 390 日圓時，這一帶的上漲走勢中形成了兩座山。由於非常接近強大的高點，因此我在〇記號處賣掉一筆，並且做了一筆避險。此時，手頭上的部位是〔＋1　－1〕。

後續再下跌的話，我就打算放掉避險部位。

然而，走勢卻未往下，而是再度上漲。一直往高點推升的兩個山頭，又形成了一個 M 字。

透過 M 字型的兩個頂點，我再度確認了高點的力道強勁，因此直接放掉多單部位，全部賣出，再進一步掛了空單布局。也就是說，這時候手頭上呈現只有空單的〔＋0　－2〕。

之後，股價如我預測的往低點走，我再度使用回補的方式，透過反向操作的賣空戰略賺進獲利。

當然，這樣的情況並非常有。但以我的交易手法跟性格來說，目前的頻率恰到好處。

如同我已經說過多次的，如果無視自己的方法與個性，即便按照本書內容進行交易，實際操作也不會順利。

即便看準 SAR 指標，進行「反向操作」，遲早也會失敗。

唯有看準了與自己相配的時機，才能有效挑戰。

■專門放空的專業投資人

提到放空，一定會有人說起美國投資專家喬治‧索羅斯（George

Soros），以及靠做空成為富翁的戰前大操盤手的故事。

就是這樣，才會讓人產生「放空比較有效率」的錯誤認知。

然而，這些專門從事放空的投資人，都是非常專業的投資高手。

明明不具備專業操盤手的實力，卻從一開始就專門操作放空，這是錯誤的行為。我可從沒聽說過這種事。

此外，專業投資人都是從多方開始做起，從無數次基本交易中取得豐富的經驗。他們在次數多得驚人的基本買賣中累積足夠經驗，才領悟出屬於自己的買賣手法，逐漸成為能夠自立的投資家。

經歷了這樣的過程後，他們研判「放空的手法與性質更適合自己」，方能成為放空專家。

明明靠做多也能賺錢，卻毅然拋棄了其他方式，專門做空——每位放空專家，都曾經歷這樣的過程。

有些投資人不會告訴你這些真相，反而一味指責那些不懂放空的投資人都是「外行人」，我認為這種人也很不負責任。

完全無視過程，只抱持「放空比較有效率」「做空比做多賺更多」這種錯誤認知的話，總有一天會失敗，並且失去資產。

更重要的是，**純粹放空的壓力太大了。**

如果市場上所有的來回交易都非得獲利不可，那真是連喘息的空間也沒有。

持續在市場上投資的祕訣，就在於如何面對壓力。比起看準機會大賺一票，更重要的是**避免大幅減少資金的失敗，以持續存活於股市為優先。**

圖 27　成為放空專家的過程

做多	做空

從做多開始鍛鍊，懂
得空頭避險，也能夠
放空

~~做多~~	做空

乾脆成為專門做空的
投資人

■武器要會用，才稱得上是「武器」

　　本書所說的戰略，是指在達成投資目標的路上所需的「股市觀點」。
此處介紹的八種戰略，全部都是可以在投資時發揮效能的武器。

　　然而，假如不知道如何使用，再怎麼優秀的戰略都沒有意義。

　　既不能往前進步，也不能橫向發展，更失去了機動性。

　　要讓武器發揮作用，**首先只能親身嘗試，從失敗中累積經驗。**

　　技術就像滾雪球一樣，即便一開始只是顆不可靠的小球，只要穩固
了最重要的核心，之後就會越滾越大。

■養成觀察價格變動、沙盤推演的習慣

從「鍛鍊技術」的觀點來看，我個人並不建議使用「自動交易」的指定價格賣出功能。

因為這樣做，無法親身學到技術跟「手感」。

只要身在股市，就一定會有好事，也會碰上壞事。所以必須要擁有勇於吸收一切經驗的氣魄，以及透過市場學習的態度。

如果你是經營者，只要設身處地思考，即可清楚理解以上道理。

若非如此，也可以嘗試比較一下你的公司老闆，想像一下這樣的經營者形象：「責任永遠都在員工身上，人也不在公司，財務統統丟給別人處理，最後連客訴也都交給其他幹部。」

實際上，企業家第二代之中真的有很多這種人。不思改進的話，在領導能力、人格、與員工的溝通能力，甚至是識人的眼光等面向上都無法提升。

即便長年鑽研各種投資技巧，但不變的只有一件事：「**觀察價格變動，思考自己該怎麼行動**」。

因此，在起步階段，請至少每天觀察行情。

一開始就依賴他人的投資者，絕對不會進步。

以正確的道理、正確的努力去「累積」經驗，再重要不過。

「累積」正確的努力，總有一天會使你產生自信。

沒有這種覺悟的人，應該會早早就被迫退場了。

做到這一步之後，另一項關鍵是如何實踐你所擬定的戰略，也就是

「戰略劇本的實行」。

　　所謂獲利，不過是行動後的結果。

　　尤其是在緊急狀況下，幾乎沒有時間與餘裕，必須迅速做出決定。

　　因此，事先準備好戰鬥方法是很重要的。

　　接下來的第 6 章與第 7 章，終於要來學習實踐戰略的「做法」了。

第 **6** 章

用神速投資術
操作融資融券

**賺進上億的投資高手，
如何運用融資融券交易**

本章來談談融資融券交易。

最近越來越多投資人問我：「是不是使用融資融券交易比較好？」

實際上，各位讀者是不是也還沒找到具體的運用方法呢？

確實，對於資金能力還不足的投資人來說，融資融券交易是很重要的武器。

然而，目前市面上的股票投資書中，並沒有值得參考的使用方法。就算有，也不過只是「如何開始進行融資融券交易」或「融資融券交易的風險」這類解說。

我也跟各位一樣，在尚未開始起跑衝刺的階段，閱讀這些書籍時，只覺得隔靴搔癢：「我想知道的不是這些內容。」

這種基礎的說明，只要看證券公司網站就已經夠詳細了。每讀完一本書，都挫折不已。

投資人真正想知道的，其實是「要賺到上億資產的話，需要多少額度的信用交易」，或者是「該如何把融資融券交易納入八種戰略」。

總歸來說，針對融資融券交易，力求實踐的投資人應該都想了解以下這四件事：

（1）是否該進行融資融券交易

（2）有沒有防禦風險的對策

（3）每個階段的策略編排是否不同

（4）賺進上億資產的投資人都怎麼操作融資融券交易

開始進行融資融券交易前，
必須先確認自己的需求與策
略。

融資融券交易需要抗壓性

我要事先說清楚，**融資融券交易是高風險、高報酬的投資手法**。使用時要先理解這一點，並在自己能負責的範圍內小心進行。

本書所介紹的手法，都是以我個人的親身經歷為基礎，盡可能還原真實，完整地傳達給讀者，相信有許多可供參考之處。

不過，以下並不會特別考慮每個人的資金能力差異，或是對壓力的耐受度等問題。

進行融資融券交易時，抗壓性是至關重要的。

身為一位經營者，我認為自己的抗壓性比一般人高。

相反的，有些人會因為太在意買進的個股下跌而無心工作，甚至夜不成眠。這些人就屬於抗壓性較弱的類型，坦白說，我並不建議他們進行融資融券交易。

整體來看，判斷是否該使用融資融券交易時，要考慮四個因素：「**目標」「資金管理」「戰略」「自己的抗壓性**」。

此外，關於融資融券交易的開戶方法及基本架構，只要透過自己常看的證券公司網站，就能查到詳細資訊，連交易流程都可清楚查閱，此處我就暫且不提。

如果看了證券公司網站後，仍然不明白基本架構的話，就表示「融資融券交易對你來說還太難」，這也是一個可以用來判斷的標準。

圖 28　開啟交易帳戶的四個判斷標準

目標

是否已為想達成的目標加上
期限？

只用現貨交易，是否很難達
成目標？

資金管理

是否已為了預防暴跌而準備
好資金？

是否有完善的資金管理，避
免自己做出全力買進的草率
決定？

戰略

在充分理解八種戰略的前提
下，是不是真的想利用融資
融券交易提高機動性？

你的抗壓性

是否有過一下跌就無心工
作、夜不成眠的經驗？

能否承受極度的不安及緊
張？

　　在不清楚規則的情況下，即便按照說明書指示開了交易帳戶，也只會失去資產而已。

　　別慌張，請先靈活運用八種戰略從事現貨交易，從熟悉股票投資的基本動作開始學起。

融資融券交易要配合目的使用

「你覺得我是不是可以開始進行融資融券交易了？」

每當我在講座上被問到這種問題，我總是回答：「請按照自己最初決定投資股票的目的，搭配使用。」

如果想要以最快速度達成目標資產金額，就該使用融資融券交易。但前提是要做好萬全準備，並且有所覺悟。

坦白說，以 1 億日圓以上資產為目標的人，如果手頭只有 1 百萬日圓左右的資本，不運用融資融券交易，很難達成這個目標。

雖然不能說是全部，但以「從○○萬開始達成 1 億日圓」為主題的書，幾乎都會把融資融券交易納入投資戰略當中。

相反的，如果投資目的是為了股東優惠，或只是為了賺點零用錢，我就不建議使用融資融券交易。因為最初設定的目的及投資的覺悟，本來就不是為了發大財。

這並不是真心話或客套話的問題。如果滿嘴淨是「想學習經濟才投資」或「我會輸都是報紙的錯」這種天真的想法，表示還沒來到可以進行融資融券交易的階段，還是別做比較保險。

以上發言相當討人厭，所以應該不曾有人認真勸告過你。

沒有人願意說惹人厭的真話，所以這些話就讓我來說。比起放任你失去資產、惹家人傷心，我寧可選擇讓自己被討厭。

■誰才需要進行融資融券交易？

那麼，具體來說，不需要從事融資融券交易的投資人是哪種類型呢？

首先就是「不在意該在何時達成目標」的人。

如果把退休金全數拿來當作資本，並以資產 1 億日圓為目標的話，幾乎不太需要使用融資融券交易。

請回憶一下「兩倍資產」的規則。將 3000 萬日圓變成兩倍，就是 6000 萬。再把 6000 萬變成兩倍，即為 1 億 2000 萬了。

將這件事化為可能的「想法」與「看法」，我已全部寫在這本書裡了。

反之，什麼樣的投資人需要融資融券交易呢？

首先是確實設定好目標期限的人，例如「要在 5 年內達成目標金額」，或是想在投資時加入空頭避險或放空等機動戰略的人。此外，想趁著數年一次的暴跌，或是行情循環的大底部，將融資融券交易納入戰略中完整運用的投資人，也很符合條件。

只要看準暴跌的時機，一邊控制風險，一邊透過融資融券交易手法為資產加上槓桿，資產累積的速度將會快得驚人。

總結這些條件後，即可看出哪些投資人較適合採用融資融券戰略。

圖 29　你是否適合融資融券交易？

適合融資融券交易的類型

· 從少量資金起步
· 以建立大量資產為目標
· 有承擔風險的覺悟
· 能夠自己負起投資的責任

不適合融資融券交易的人

· 不是認真想投資股票
· 不懂得從失敗中學習
· 成長速度過慢
· 容易把自己的失敗歸咎於他人
· 性格上容易衝動
· 賭性堅強

┌──■**這樣的投資人，才能有效操作融資融券！**────┐

（1）已設定達成期限

（2）掌握「空頭避險」「放空」戰略

（3）想在暴跌時運用槓桿

差點被融資融券交易搞到破產的個人經驗

無關喜歡或討厭，只要擁有明確的投資目標，就會自然而然把融資融券交易當成戰略使用。

最後，讓我來分享自己如何運用融資融券交易。

我將闡述自己達成 1 億日圓資產的過程，同時融入案例，並解說神速投資術的融資融券交易運用法。

我從開始投資股票起，到超過 1 億日圓資產為止，一直都很積極地運用融資融券交易，從我經驗尚淺，還是個僥倖在市場上存活下來的投資人階段開始學習。

剛開始投資股票的時候，也曾被追繳保證金。

當時我還沒經歷過太大的失敗，尚未充分認識股票投資的可怕。現在的我雖然滿口大道理，但那時的我不過是個「退場」候補者。

現在說起來很難相信，但是最後我的保證金維持率還跌破了 30％，被迫繳交追加保證金。

這還不夠，我甚至得向當時的女友低頭借錢，要她幫忙籌錢。這是人生第一次也是最後一次，唯一的一次。

也就是說，我還得跟別人借錢，才能勉強在危險邊緣保住維持率。

那是 14 年前的事了，當時我 29 歲。

現在想起來，那時的我真是個隨時被迫退場都不奇怪、太過小看市場的愚蠢投資人。

我只是運氣比較好，後來小泉政權的支持度上升，日經平均指數也快速恢復。相反的，如果當時日經平均指數跌破 8000 點，我所投入的資金不足，就會慘遭強制斷頭。

當然，我也就不可能像現在這樣，洋洋得意地寫下這本書了。

現在想起來，真的連背脊都發涼。

也正因為當時的實際體驗，現在我才明白了許多事。起步時的重要性，也是歷經多次失敗後的體悟，我到現在才終於理解，股票投資的最初起點有多麼重要。

不同階段的融資融券實踐法

徹底反省之後，如果要我根據這些失敗經驗，為你提出幾個投資建議的話，即為以下內容（前提是須對自己的投資負責）。

接下來將毫無保留地逐一介紹我的具體實踐法。

如果你跟我一樣，可以用來作為資金的本錢少於 200 萬日圓，又有志於賺進大量資產的話，不妨以信用額度的三分之一為使用上限，謹慎進行融資融券交易。（註：目前台股的信用額度共分 15 級，從最低額度 50 萬到最高 6000 萬元，投資人可自行依財力狀況及交易紀錄，決定申請哪一級。）

融資融券交易的信用額度上限，通常被認定為自有資金的三倍。如果將本金 300 萬日圓存進證券公司，可交易的金額即是它的三倍，等於 900 萬日圓。

事實上，買入的個股也一樣。只要是達到一定標準的股票，即可作為擔保，這稱為**「股票抵繳」**。此項規範依證券公司而有不同標準。

我經常使用的「樂天證券」是這樣說明的。這段說明非常容易理解，所以容我直接轉載：

委託保證金除現金外，也可以用所持有的現貨股票等按時價估算，作為保證金繳交，這就是「股票抵繳」。

利用股票抵繳的時候，是將相當於前一個營業日收盤價格的80％（編按：此比率依各證券公司、各金融商品而有不同，請參閱各證券公司網站規定）作為保證金來計算。

樂天證券網站

依照此說法，可將持股的80％加作擔保。

只是，當股市暴跌到大多數投資人都被追繳時，所持有的個股也會一起下跌。

暴跌時，投資人之所以會陸續被追繳，因而遭遇強制斷頭、失去資產，理由其實就在於持有的股票急速下跌。

請記住，**以股票抵繳作為擔保的個股股價，在緊急時刻是靠不住的。**

為了防範這一點，當你衡量信用額度的上限金額時，只能用放在證券公司裡的自有資金來計算。

我們就把它算作三分之一好了。總資金如果是300萬的話，信用額度就是以300萬為上限，而非900萬。即便如此，你還是可以持有三到四檔個股，能夠以最多分三批的方式，進行分批買賣。

圖 30　我的融資融券交易做法

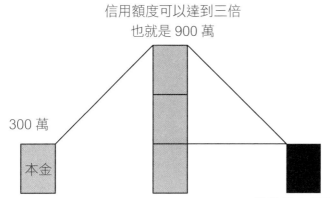

信用額度可以達到三倍
也就是 900 萬

300 萬

本金

把信用交易額度控制在
三分之一以下，也就是
不超過 300 萬

運用 300 萬自有資金，可以
操作大約三倍，也就是最多
900 萬的融資融券交易。如
果控制在三分之一以下，信
用額度就會減少到 300 萬，
也能相對降低風險。

基本上，靠波段分批買賣即可

　　我個人的基本原則，是確實做好風險管理，同時看準波段的大底部，運用融資融券交易進行操作。

　　也就是在波段底部仔細地分批買進。

　　既然要運用融資融券交易，就得慎選個股，操作時也要以安全性為優先考量。

　　另外，我也有一項慣用手法，是只鎖定數年必定會暴跌一至兩次的行情，並使用融資融券交易，謹慎地買進新的低點。

　　當感應到市場即將發生「足以改變趨勢循環的大暴跌」時，就轉為融資融券交易的攻勢，藉此增加多單，迎戰暴跌。

　　如果目的在於用少量資本建立大量資產，那麼面對決戰時刻，就該勇於一決勝負。

　　這種數年一次、足以改變市場走勢的暴跌，**原則上是三段式的跌勢**。過去的暴跌幾乎都是如此。

　　請你一定要用自己的雙眼好好調查、確認清楚。

　　這時候得親自查看，才能抓住那種感覺。

　　當市場潮流改變時，會先上漲一些，然後發生一次大漲，接著再度下跌，如此反覆進行。

　　描繪出這條大曲線的下跌趨勢，共有三個波段。看清楚第三次底部

後，就開始增加出動的機會。

　　當然，同時也要記得用分批買賣來確實管理風險。

暴跌通常會呈現三段式下跌。
看準時機，分批買賣，即可安
心獲利。

 # 恐慌性拋售的原因，也在於融資融券交易

不過，歷史上也曾發生過因次貸風暴等因素，而下跌超過三段式的大暴跌模式。

特別是最後的跌勢非常激烈，宛如跌入無底深淵般的強勁急跌。這也稱為「恐慌性拋售」，是暴跌到最後會發生的現象。

此時，股市可說是哀鴻遍野。

海外基金撤退、政府轉換方針、銀行一舉拋售、無法承受的投資人紛紛斷頭……這些都是恐慌性拋售的理由。

更有甚者，使用融資融券交易的投資人，也會在這時因追繳機制而被迫相繼退場。

保證金不足而發生追繳的話，每個人都必須在一定的期間內向證券公司提出追加擔保。如果無法提出追加擔保，在保證金維持率恢復前的幾天內，就會被自動強制斷頭。

如同我一開始的說明，為了防範這一點，融資融券交易的額度應該控制在本金的三分之一。

以我的狀況來說，當市場出現恐慌性賣壓的時候，反而應該以現貨股票跟融券股票兩方面決勝負。

為了在期限內達成目標，該取勝的地方就要一舉獲勝。

當然，這樣風險也會大幅升高。

融資融券交易即是藉由提高機動性，用小本金賺取大回報的方法。不過，也是一個「如果怠於管理，就很可能在瞬間鬆懈時性命不保的高風險、高報酬」世界，這一點請千萬別忘記。

中度風險的融資融券交易

接下來要介紹的方法，適合手頭上有 2000 萬日圓以上資金的人，以及不願冒險，但又想運用融資融券交易的投資人。

如果想在保護資產的同時，採用融資融券交易來提高機動性，那麼不妨活用融資融券交易，鎖定價格來到波段底部的個股，加以布局。

對技術有自信的人，也可以靈活使用融資融券交易的「空頭避險」或「放空」方法，提高機動性。

資產已經達到目標的話，就不需要冒太大風險。這種情況下，當市場行情小跌的時候，不妨藉此一決勝負，或是看準數年一次的大暴跌，一舉取勝。

如此一來，就可以在中度風險、中度報酬的情況下靈活運用融資融券交易。

目標達成後的融資融券交易

如果資產已經超過了原先設定的目標金額，接下來就請以保衛資產為優先。

一直在前線戰鬥的話，總有一天會大輸一場。

野心或欲望有時候會導致疏忽。

面對資產，並非只有**儲存**、**進攻**、**增加**這三種選項而已。**保護**、**分配**、**繼承**這三者也很重要。

真正的資產家與投資人，都是順著這六個循環，維持良好的平衡感，逐漸累積財富。

當你進入「保護」「分配」的循環時，只需要做好一件事：以保衛資產為優先，不要勉強承擔風險。

基本上就是貫徹「購買現貨」的原則。

增加證券公司的帳戶，各自存入 2000 萬至 3000 萬日圓的資金。這麼做的話，既不需要特地使用融資融券交易、持續繳付利息，還可以只以購買現貨的方式分批買入同一檔個股。

可別小看融資融券交易的利息與手續費，金額大的時候，我曾經一年繳過 50 萬日圓以上的利息。證券公司之所以會推銷投資人使用融資融券交易，就是因為那筆手續費很有賺頭。

分開證券帳戶的好處，還不只這些。

圖 31　目標達成後的六個循環

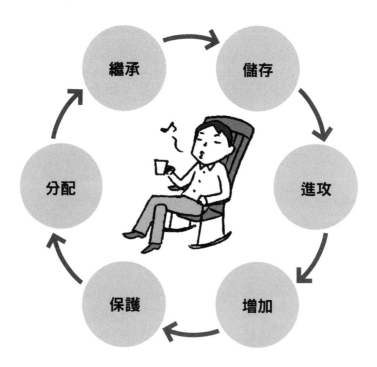

將主要使用的證券公司，與非主要的帳戶分開的話，在心理上也能讓你暫時冷靜一下，可以刻意錯開買入的時機。

即使是從 20 幾歲開始投資股票，投資經歷已達 15 年以上的我，也可能忍不住買入超出預期的股票，心煩意亂之下失去對市場的手感。

若是在一家證券公司動用 1 億日圓以上的資金，要克制衝動的情緒，就更加困難了。

人的欲望，就是這麼難以控制。

　　只要在證券公司帳戶購買股票，對於自己正在動用大筆現金的自覺，就一定會越來越鈍。眼睛只是盯著數字的增減，感受力就會逐漸麻痺，往往因而誘發你做出不必要的行動。

　　一瞬間的疏忽，有時候會導致無法挽回的失敗。

10 我分別在四家證券公司進行融資融券交易的理由

股票投資是心理戰。看穿對方心理的同時，也必須控制自己的心理。

身為經營者，在這種情況下，我無論如何都會聚焦於建立機制。也就是說，我會透過分別操作不同的證券公司帳戶，掌控自己的心理。

選定一家證券公司當作平常的主戰場，要動用游擊隊——也就是其他證券公司，或者是動用重要的資金作為增援部隊時，都得多一道程序。

雖然麻煩，但是這個期間可以讓你暫時冷靜一下，也就是創造出冷靜思考的機會。

順便一提，如同第 133 頁已提過的，我個人會運用四家證券公司。

這套手法，不知道能否提供給資金能力與目標金額各異的讀者們參考，但姑且就在此介紹一下：

我最愛用的主要帳戶是**樂天證券**。身為網路企業，其網頁畫面清晰易讀，操作的便利性更是優秀。

其次則是**武藏證券**。他們以「TreasureNet」這個暱稱聞名日本。

可能許多人覺得意外，但其實武藏證券的融資融券交易手續費非常便宜。因此，需要進行分批的時候，我經常透過這家公司的帳戶操作；不過，他們的網站畫面不便瀏覽，現在仍有很多待改善的部分。

至於其他兩個帳戶，按照使用順序，分別為 LiveStar 證券和 SBI 證券。

我平時會積極操作排名前二的樂天證券與武藏證券，剩下的兩個則是實戰時才會稍微使用。其中一個甚至四年來完全沒有碰過，因為這個帳號的主要用來因應「意想不到」的時候，當每個人都被恐懼追著跑，紛紛拋出持股、放棄市場的時候，才需要出動這個帳戶。

我認為，**戰略性地分開使用平時與實戰時的帳號，會讓股市戰事對你更有利，無論什麼樣的局面，都不容易輸掉。**

時間也好，買賣點也罷，都將成為助力。

因此，以我的經驗來說，來到這個階段後，別說是「低風險低報酬」了，股票根本是「低風險高報酬」。

我是從「高風險、高報酬」開始學起，才來到現在的階段。

雖然曾在起點跌倒，但是認真累積正確的「想法」「看法」「做法」後，終於抵達現在的階段。

而且，來到這個階段後，我也練就了不少可供讀者參考的有趣戰略與買賣方法，但是由於讀者群不同，我想另外有機會的話再介紹吧！

最後提醒資金還少、尚在起步階段的投資人，對現階段的你而言，把帳戶分成好幾個操作並沒有太大好處，請務必注意。

第 **7** 章

神速投資術的無限可能—精通屬於自己的投資術

市場變動的因應之道

最後這一章，我會介紹自己實際增加資產的「做法」。基本上就是我說過很多次的「**市場變動時，該怎麼行動**」。

代表性的做法可歸納成以下六種，請參考看看：

（1）分批買賣是投資的基本功

徹底分批，堅持取勝。

（2）看不懂市場的時候，就慢慢行動

想像自己正在與市場對話，不久後，市場就會給你答案。

（3）大幅下跌時，要積極行動

讓行情的谷底來幫助你，布局「空頭避險」「放空」的時候則相反。

（4）學會控制感情

焦躁或憤怒會讓選擇變得狹隘，只有冷靜才能使你的選項增加。

（5）不要急著動用追加資金

市場不會逃走，永遠全力奮戰的投資人，總有一天會輸掉。

（6）股票投資的 PDCA 循環

最後，以成為一個自立自強的投資人為目標。

以上每一個都是很重要的做法，我們一個個來看吧！

分批買賣是投資的基本功

市場上的戰鬥，不見得會按照預期變動，有時候也會發生相當驚人的變化，或是陷入無法預測的狀態。

為了預防這種情形，你能夠事先準備的，就是一開始就把資金切割開來，分批作戰。

就像纖細的竹枝，每當強風吹拂時都看似快被吹倒，卻能在面對強颱時發揮強大的韌性。

仔細觀察竹子的表面，會發現它們跟杉樹或松樹等常綠木或針葉樹不同，會有幾處凸起來的竹節。這些竹節可以加強竹子的「彎曲度」，形成韌性，遇到強風也不會倒下。

正因為有自信，才能夠把投資的資金切割開來。

這不是件容易的事，剛開始勢必會有點抗拒。

對自己有信心，才能控制自己。對此，自然也需要相當程度的訓練。

擁有了這樣的勇氣後，股票投資就能產生「強度」和「韌性」。

特別是大部分投資人都不懂得分批買賣，他們總是輕易相信一些道聽塗說，一再地整批買入。

分批買賣執行得越徹底，越能帶來跟逆勢操作一樣的效果。

當然，我最終是希望你能完整參考八種戰略，進而安排投資劇本。不過，我還是要再說一次，**分批買賣是所有投資的基本功。**

3 看不懂趨勢的時候，就慢慢行動

看不懂市場行情的走向時，請不要焦慮，慢慢來。

想像自己正在與市場對話，不久後，市場就會給你答案。

當你看不懂行情會如何發展的時候，大部分專業操盤手也一樣看不懂。

市場的真實動向，我想只有專業人士或基金相關人士等極少數人知情，所以焦慮也是正常的。

我非常喜歡活動筋骨，每到假日就會從事拳擊之類的格鬥運動。

拳擊的世界裡有這樣一句話：「自己痛苦的時候，也是對方最痛苦的時候。」

市場的未來走勢，沒有人知道。當你焦慮心想「不買不行」時，經常是被欲望控制的時候。

市場並不會在你焦慮的時候從眼前消失，越是著急，就越該慢慢來。

大幅下跌時，要積極行動

「下跌時，要積極行動。」聽到這句話，每個人都會點頭稱是，可是大多數的投資人卻都做不到。這是為什麼呢？

因為市場中潛藏著「恐懼」。

只有在股價大幅下跌的時候，才能斷然出動——這一點固然非常重要，但現在的你應該能夠發現，出手之後的戰略組合也很重要。

就算不小心太早出動，只要確實分批買進，慢慢布局，之後也能充分彌補時間點上的失誤。

最終，還是得靠自己本身的經驗和技術，對抗恐懼的心理。

不過，就算是專業操盤手也很難控制自己，所以不妨熟習「分批」「慢慢行動」「跌下來之後再出動」等手法，組合搭配各種策略，慢慢找出最適合的答案。

學會控制感情

無法控制自身感情的投資人，不太容易擺脫業餘心態。

關於這一點，有個明確的理由：憤怒與焦慮，會讓人在戰場上的選擇變得狹隘。

所謂「破壞」，是在什麼樣的感情之下發生的？即是當感情達到沸點的時候。

因為感情用事，大肆破壞了眼前的書桌。這種事誰都會做，連小學生也辦得到；但是，詳細地研究書桌，讓它更加方便實用，這就只有冷靜自持的大人才辦得到了。

在股票投資的世界裡，資金能力與實力相當的情況下，最終勝出的勢必是選擇較多的人。

不僅市場，撲克牌、麻將之類的遊戲也一樣。

只要是由不特定多數人參與、在特定場域內展開的遊戲，判定勝負的主要原則當然會很類似。

若說有什麼祕訣能夠增加選項的話，那就是要擁有一位名為「情報」的將軍，跟一位名為「戰略」的將軍伴你左右。站在中央的你，則需要常保冷靜。

6 不要急著動用追加資金

　　靠股票達成上億資產的路上，會經歷好幾次「現在就是大好機會」的勝負時刻。

　　事實上，想要從小資開始賺進上億資產的話，至少會經歷一次「就是因為當時布局獲勝了，我才會有今天」的時候。

　　但是，如果對勝負時刻判讀錯誤，很可能就此退出市場。

　　即使幸運逃過斷頭一劫，但為了填補損失，也必須耗費許多心力。

　　既然已經出手布局，就不允許失敗。

　　面對這種大決戰，絕對非贏不可。因此，看清楚決勝的時間點，非常重要。

　　直到「就是現在！」的時機來臨前，務必謹慎動用追加資金。

　　那麼，這樣的時機會出現在什麼時候呢？

　　未來的事，我當然不知道。因此，我也不可能明確地告訴你最關鍵的勝負時機。

　　但是，根據經驗，那會比你全身都感覺像被電到似的時間點，再晚個一步到來。

　　到時候的勝負結果，端看你會使出攻勢追加出動，抑或是一口氣就用盡全力，最終只能在恐懼中抱頭傷神。

股票投資的 PDCA 循環

最後要談的是股票投資的 PDCA（註：由計畫「Plan」、執行「Do」、查核「Check」及行動「Act」四大步驟所構成的管理循環，常應用於工作品質控管及改善）。反覆循環 PDCA，掌握自己容易發生什麼樣的失敗，理解自己的性格類型，然後逐步確定屬於自己的投資風格。

失敗後找出理由，立刻修正軌道。

積極地從經驗中學習，這些知識將會成為屬於自己的珍貴財產。唯有找出失敗的原因，才可能產生「重現性」。

這在運動心理學或社會資訊學中稱為「體驗的水平展開」，藉著重複同樣的動作，逐漸強化熟練度。

身體若是記住了節奏，當同一個場景或同一個時間點重現時，就能自動發揮大腦或指尖已經記住的動作，呈現最佳演出。

鈴木一朗站在打擊區的同一種姿勢，重複同一個動作，用球棒的中心打出完美安打的重現性，這就是精益求精的結果，別無其他。

8 股票投資的 PDCA 實踐法

投資股票時，只要專注於目前可做到的範圍即可。首先即是驗證投資的結果。**祕訣是在交割之後，好好思考一下買賣前擬定的戰略劇本，想想「為什麼我會在這裡買進（賣出）」。**

「為什麼這次成功了？」「為什麼這次失敗了？」請養成這樣的思考習慣。

在將棋的世界中，勝負揭曉之後，比賽並非就此結束。

勝者與敗者會一起回溯每一步棋，然後對彼此擬定的戰略劇本進行驗證。

針對每個分歧的劇本走向，建立新的假設並檢驗，互相切磋琢磨技術。這當然對提升個人的技術很有效，同時也有益於整體將棋界的發展。

「失敗筆記」簡單又有效

PDCA 如果對你而言太難，也有另一種辦法是製作屬於自己的「**失敗筆記**」。

我在剛起步的時候也曾寫過失敗筆記。

說是筆記，其實內容不過是條列式紀錄。

我自己的方法是運用電腦內建的備忘錄功能。

如下頁**圖 32** 所示，將備忘錄放在桌面的右上角，持續顯示在視線範圍內。只要把當時的心情統統如實地逐條打出來，不需要花太大的力氣，每個人都做得到。

我習慣利用網路證券進行交易，所以每次買賣的時候，視線就會在筆記上停留一下。

試著這麼做之後，我覺得「效果超乎預期」。

只要像**圖 32** 一樣貼出失敗筆記，即可反覆地烙印於腦海。

很不可思議的是，接下來買賣時總會回想起失敗筆記的內容，然後就能更靈活地戰鬥。

發生重大失敗後，或是在布局一場大戰局之前，這樣做也能讓你的心情穩定下來。

一千位投資人中，自然也會有一千種做法。

如前所述，最終目標是成為一位自立自強的投資人。為此，投資的

PDCA 很重要。

　　請你自行轉動 **PDCA 循環，獲得只屬於你的投資風格。**

　　請自己找出「正確的」答案。

　　誠摯希望本書能幫助你培養「思考習慣」，逐步達成目標。

圖 32　我的失敗筆記本（示意圖）

| 結語
無限寬廣的投資精進之路

　　從今天起，對我來說，你就是股票投資的對手了。對於如此拚命學習、努力成長的你，我說了很多無禮的話，在此衷心致歉。

　　我真心希望你能夠在投資股票上成功，正因如此，才說了很多逆耳忠言。

　　另一方面，只要能夠謹守本書介紹的股票投資「看法」「想法」「做法」，看待市場的眼光將會截然不同，你的視野將會直接擴展你的選擇。

■完全吸收技術後，即可改良技術

　　等你精通了神速投資術，接著就是找出自己的投資術。

　　為此，我最後要告訴你兩件很重要的事：

・每天認真地回顧行動結果，確認是否得出成果

・持續從市場上學習不足之處，不斷成長

　　持續學習的人，不會怪罪於他人。因為他們思考的方式本身會產生變化，認為操作不順是因為自己的「學習」與「成長」還不夠。

　　無關乎年齡或學歷，投資人只有在能夠獨立進行正確判斷之後，才足以獨當一面。

　　以下引述「傳說中的投資專家」──大名鼎鼎的華倫·巴菲特所說過的話：

　　華爾街，是唯一一個會有穿著筆挺西裝的大老闆們，坐著由司機駕駛的高級轎車，對著在尖峰時刻搭地下鐵通勤的金融機構上班族們低聲下氣，乞求他們幫忙投資的可笑場所。

　　　　無論是什麼樣的投資人，都是在真正走向自立的過程中成為成功者。衷心希望讀了這本書的你，人生能更加豐富、更加美好。

國家圖書館出版品預行編目 (CIP) 資料

日本最強散戶贏家的神速投資術 / 上岡正明作 ; 張婷婷譯.
-- 初版 . -- 臺北市 : 今周刊, 2020.05
　　208 面 ;　17×23 公分 . -- (投資贏家系列 ; 39)
　　譯自 : 2 億円稼いだ投資家が教える ! 神速株投資術
　　ISBN 978-957-9054-58-4 (平裝)

1. 股票投資　2. 投資技術　3. 投資分析

563.53　　　　　　　　　　　　　　　109003002

投資贏家系列 039

日本最強散戶贏家的神速投資術

2億円稼いだ投資家が教える! 神速株投資術

作　　　者　上岡正明
譯　　　者　張婷婷
責任編輯　李韻
行銷經理　胡弘一
行銷企畫　席宏達
封面設計　黃馨儀
內文排版　簡單瑛設

發 行 人　謝金河
社　　長　梁永煌
副總經理　吳幸芳

出 版 者　今周刊出版社股份有限公司
地　　址　台北市南京東路一段96號8樓
電　　話　886-2-2581-6196
傳　　真　886-2-2531-6438
讀者專線　886-2-2581-6196轉1
劃撥帳號　19865054
戶　　名　今周刊出版社股份有限公司
網　　址　http://www.businesstoday.com.tw

總 經 銷　大和書報股份有限公司
製版印刷　緯峰印刷股份有限公司

初版一刷　2020年5月
定　　價　320 元